21世纪高等学校 **高校**
经济管理类规划教材 **系列**

编

U0597733

人力资源管理理论、方法、工具、实务系列教材

人员培训与开发

——理论、方法、工具、实务

Theories, Methods, Tools, Practices

微课版 第2版

ECONOMICS

AND

MANAGEMENT

人民邮电出版社

北京

图书在版编目（CIP）数据

人员培训与开发：理论、方法、工具、实务：微课版 / 赵曙明，赵宜萱主编. -- 2版. -- 北京：人民邮电出版社，2019.6（2024.1重印）

21世纪高等学校经济管理类规划教材. 高校系列

ISBN 978-7-115-49731-4

Ⅰ. ①人… Ⅱ. ①赵… ②赵… Ⅲ. ①企业管理－职工培训－高等学校－教材 Ⅳ. ①F272.921

中国版本图书馆CIP数据核字(2019)第049822号

内 容 提 要

本书共 12 章，具体包括培训与培训规划、培训需求调查与分析技术、培训计划制订与培训项目设计、培训课程的设计与开发、培训类型与方法的选择、培训师师资团队的建设与管理、培训外包管理、培训运营管理、培训效果评估与转化、不同类型人员培训与开发技术、管理技能开发技术和组织开发与职业生涯管理。

本书可作为大学本科、高职高专院校人力资源管理专业的教材，同时也适合企业经营管理人员、人力资源管理人员、咨询师、培训师参考使用。

◆ 主　　编　赵曙明　赵宜萱
　　责任编辑　孙燕燕
　　责任印制　焦志炜

◆ 人民邮电出版社出版发行　　北京市丰台区成寿寺路 11 号
　　邮编　100164　　电子邮件　315@ptpress.com.cn
　　网址　http://www.ptpress.com.cn
　　北京七彩京通数码快印有限公司印刷

◆ 开本：787×1092　1/16
　　印张：11　　　　　　　　　　　2019 年 6 月第 2 版
　　字数：282 千字　　　　　　　　2024 年 1 月北京第 7 次印刷

定价：39.80 元

读者服务热线：(010)81055256　印装质量热线：(010)81055316
反盗版热线：(010)81055315
广告经营许可证：京东市监广登字20170147号

总 序 **P**reface

全面数字化的世界正在改变着人们的生活和工作方式，同时深刻影响着企业的运营方式，这些改变促使企业的人力资源管理模式发生相应改变。这就要求我们面对新形势，站在新高度，确立新思维，加强对人力资源管理新的理论知识的学习和研究，特别是要重视对人力资源管理方法和工具的掌握与运用，以适应新形势下企业竞争和发展的需要。

人民邮电出版社出版的"人力资源管理理论、方法、工具、实务"系列教材，在系统阐述人力资源管理理论的基础上，围绕招聘、甄选与录用，绩效管理，薪酬管理，人员培训与开发和人才测评五大业务职能，按照"专业理论系统化，操作方法简便化，操作工具灵活化，管理实务精细化"的编写思路进行编写，既突出了人力资源管理理论的系统性，又强化了人力资源管理方法和工具的运用，增强了可操作性和应用性。

本系列教材现已编写出版 6 本，包括《人力资源管理——理论、方法、工具、实务（微课版 第 2 版）》《招聘、甄选与录用——理论、方法、工具、实务（微课版 第 2 版）》《人员培训与开发——理论、方法、工具、实务（微课版 第 2 版）》《绩效考核与管理——理论、方法、工具、实务（微课版 第 2 版）》《薪酬管理——理论、方法、工具、实务（微课版 第 2 版）》《人才测评——理论、方法、工具、实务（微课版 第 2 版）》，其内容涵盖了人力资源管理理论与方法的方方面面。

《人力资源管理——理论、方法、工具、实务（微课版 第 2 版）》一书，系统介绍了人力资源管理的核心概念、基本原理、技术方法和管理实践中的重点、难点，既引进了国外先进的人力资源管理理念和知识体系，又总结了我国企业人力资源管理的实践经验和经典案例，非常贴近现阶段我国企业人力资源管理的实际。

招聘、甄选与录用是人力资源管理链条中的第一个环节，是人员入口关的把控环节。在《招聘、甄选与录用——理论、方法、工具、实务（微课版 第 2 版）》一书中，既有对招聘规划准备、甄选技术、录用评估等若干具体招聘环节的详细阐述，又有关于公职人员招聘与录用技能训练的案例，以帮助人力资源管理人员科学鉴别、选择和录用适合企业发展需要、有发展潜质的人才。

企业通过培训向员工传授与工作相关的知识和技能，通过发掘员工的潜能以提高其终身就业能力。《人员培训与开发——理论、方法、工具、实务（微课版 第 2 版）》围绕需求分析、计划、运营、评估等主题，详细阐述了需求调查、课程设计、培训外包等方面的内容，以实现企业和员工的共同发展。

绩效管理是把企业内的组织管理与成员管理高效结合起来的一种考核体系，是企业人力资源管理中的一项重要职能。在《绩效考核与管理——理论、方法、工具、实务（微课版 第2版）》一书中，既有绩效考核的目标、指标、方法、制度的设定以及绩效与薪酬等各个细节的阐述，又提供了各岗位和业务人员绩效考核实务操作演练方面的案例，避免了人力资源管理人员孤立、片面、静止地看待绩效管理而使企业绩效管理陷入机械、僵化的陷阱的风险。

薪酬管理是企业激励机制的核心，是企业吸引和保留人才的重要支撑。在《薪酬管理——理论、方法、工具、实务（微课版 第2版）》一书中，既详述了薪酬管理的基础及前提工作中工作分析、评价、诊断、调查等各方面的细节，又提供了包括制度体系在内的七大薪酬福利设计方法等，以帮助人力资源管理人员有效解决在企业薪酬管理中遇到的困惑。

在人力资源管理工作中，找到合适的人才并达到"人事相宜、岗职相配"是十分重要的。《人才测评——理论、方法、工具、实务（微课版 第2版）》一书以人才测评指标标准的建立和体系设计为基础，运用科学的工具和方法对人才进行测评，指导人力资源管理人员对人员素质做出准确的评价和预测，让优秀人才、合格人才、合适人才为企业所用。

总之，这套"人力资源管理理论、方法、工具、实务"系列教材，通过对人力资源管理，招聘、甄选与录用，人员培训与开发，绩效管理，薪酬管理和人才测评等方面的介绍，可以为读者从事人力资源管理工作提供全方位的指导。

南京大学商学院名誉院长、资深教授、博士生导师
赵曙明博士
2018 年 7 月 1 日于韩国 SolBridge 国际商学院

前言 Foreword

俗话说："千军易得，一将难求。"加强培训与开发的投入，对于企业在日益激烈的国内外市场竞争中赢得生存与发展、增强核心竞争力尤为重要。面对激烈的竞争环境，企业需要建立一个能够充分激发人员活力的人才培训与开发机制，充分开发人力资源潜能。

那么，企业如何构建培训与开发系统的运作模型？在培训需求的调查分析、课程研发、师资队伍管理、培训外包等方面应当注意哪些问题？培训运营管理过程如何把控？如何确保培训与开发成果的转化与应用？培训与开发的方法、工具如何选择，如何运用才能体现适用性、实用性并最大限度地控制成本？对于这些问题的回答正是编写本书的出发点和落脚点。

本书主要有以下 4 个特点。

（1）理论体系：用知识导图的形式展现每章的知识结构。本书每章开篇均以特色设计的树状知识导图展现该章的内容，使整章的内容逻辑更为清晰，使读者能够直观地把握整章的知识框架。

（2）方法工具：操作简便，拿来即用。一般来说，方法和工具都是从工作经验中通过抽象和升华提炼出来的，是达成工作目标的手段与行为方式。本书中提供的人员培训与开发的方法和工具，既有理论模型和业务流程，也有实施步骤和操作技巧，方便读者"拿来即用"。

（3）实务内容：本书不仅提供了人员培训工作中的实用技巧、解决方案，另在每章后面设计了实践性极强的"技能实训"栏目，供读者进行演练，从而为其搭建一座理论与实践紧密相连的桥梁，以指导读者能够更规范、更高效地完成相关工作。

（4）体例编排：做到了实用性和创新性的有机结合。本书体例编排新颖且贴近教学。"微课"为教师提供了丰富的教学资源；"微课堂"便于师生在课堂上进行互动交流，更有助于加强读者对知识点的掌握；"复习与思考"是对一个阶段所学知识进行概括和总结，起到对已学知识巩固、加深的目的。此外，作为人力资源管理人员，除了需要掌握必要的知识技能外，还需要了解人力资源管理领域的前沿动态。因此，本书设置了"知识链接"栏目，以扩大读者的专业视野。

赵曙明教授和赵宜萱博士担任这套人力资源管理系列教材的主编，本书是该系列教材中的一本。在本书的编写过程中，编者参阅了国内多位专家、学者关于人力资源管理的著作或译著，也参考了同行的相关教材和案例资料，在此向他们表示崇高的敬意和衷心的感谢。由于时间仓促，书中难免存在不足之外，望读者批评指正！

编　者
2018 年 12 月

目　录　**C**ontents

培训与培训规划 | 第1章

【本章知识导图】

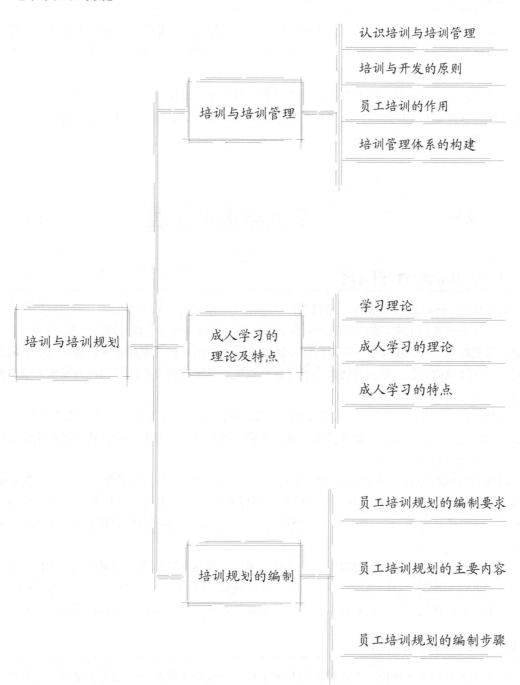

【学习目标】

职业知识	• 了解员工培训的概念及作用 • 了解成人学习者的特点及基本理论
职业能力	• 掌握成人学习理论在员工培训与开发中的应用 • 明确培训规划的编制要求，并制订完善的培训规划
职业素质	了解培训行业的发展趋势，具备专业培训知识，具备良好的分析判断能力、沟通协调能力

随着经济全球化进程的加快，企业面对的是更加激烈的国际竞争。培训作为企业人力资源开发的重要手段，不仅注重新知识、新技术、新工艺、新思想、新规范的教育，更注重人才潜力、创造力、人文素养和团队精神的开发。

通过培训和培训规划，员工可以收获新思想、新思维、新技术、新能力，企业也可以迅速提高业绩，有些企业还以此为基础建立了人才基地、企业大学，获得了核心竞争力，得到了可持续发展的机会。

1.1 培训与培训管理

1.1.1 认识培训与培训管理

对于培训（Training）的概念，可以从广义和狭义上来理解。从广义上讲，培训是指企业向员工传授其完成本职工作、提高工作能力所必须掌握的各种知识和技能（如与工作相关的知识、技能、价值观念、行为规范等）的过程。从狭义上讲，培训是指为实现企业利益而有组织地提高员工工作绩效的行为，是创造技能、了解客户和生产系统以及自我激发创造力等智力资本的途径。

总体而言，培训是指培训者精心策划的一整套活动方案，即通过激发受训人员的学习热情，使他们增强觉悟、扩充知识、提高技能、总结经验、改善态度、开发潜能，从而提高企业工作知识水平与能力水平的一种训练活动。

培训的目标是使员工能够更好地胜任工作，提高企业的生产力和竞争力，从而实现企业发展与员工个人发展的统一，而这个过程需要很好的管理。培训过程的管理一般包括培训需求管理、培训计划管理、培训费用管理、培训实施管理、培训评估管理。具体内容要点如图1-1所示。

培训需求管理是培训效果得以保障的基础和培训计划制订的前提；培训计划管理是培训实施的指导方针和准则；培训费用管理是企业培训活动成本控制的重点内容；培训实施管理是保证培训有针对性和实用性的重要环节；培训评估管理是检验培训效果并进行持续改进的依据。

1.1.2 培训与开发的原则

培训作为开发人才和提高人才价值的基本手段，是提高企业竞争力的重要途径，是企业拥有高素质员工、获取竞争优势的重要手段。由此可知，员工培训与开发在企业发展中的地位举足轻重。企业在进行员工培训与开发时，需遵循以下 3 个原则。

图 1-1　培训管理过程

1.　以企业战略为导向

企业必须根据自身的发展目标及战略制订培训规划，使人员培训与开发和企业的长远发展紧密结合。

2.　理论联系实际，学以致用原则

员工培训应当具有明确的针对性，从实际工作的需要出发与职位特点紧密结合。其目的在于，通过培训让员工掌握必要的技能以完成规定的工作，最终为提高企业的经济效益服务。只有这样，培训才能收到实效和提高工作效率。

3.　充分考虑员工自我发展的需要

培训体系设计的目的是为企业的发展战略服务，同时也要与员工个人职业生涯发展相结合，实现员工素质与企业经营战略的匹配。

1.1.3　员工培训的作用

我们认为，企业给员工最好的福利是培训，最佳的投资是教育。员工培训的作用主要表现为对企业的作用和对员工的作用。

1.　员工培训对企业的作用

企业通过系统专业的培训，可提高员工的职业素养、工作技能，让员工有更好的发展平台，从而满足员工发展和自我实现的需要。员工培训对企业的整体作用主要体现为以下 3 个方面。

（1）推动企业文化的完善与形成。企业文化是一个企业的灵魂，是企业创造生产力的精神支柱。企业培训可以让员工在了解企业文化的同时，推动企业文化的完善与形成，树立良好的企业形象。

（2）优化人才组合。企业通过培训，将员工的潜能开发出来，并淘汰没有潜力的员工。优化人才组合的优化，不仅有利于员工快速成长，而且有利于企业工作效率的快速提高。

（3）增强企业的向心力。企业培训为员工提供了一个完善和提高自我能力的机会，使员工可以在工作中实现职业生涯规划，对员工有激励作用。此外，员工在培训中通过相互接触、相互了解，加深了对企业的感情，增强了归属感。

2．员工培训对员工的作用

有人认为，培训只对企业有利，对员工只是一种说教。其实不然，通过专业培训，员工可明显提高自身的综合业务能力，个人的潜力也能得到最大限度的释放，为以后的职业发展打下坚实的基础。员工培训对员工的作用主要体现在以下3个方面。

（1）提高员工的自我认知水平。通过培训，员工能够更好地了解自己在工作中的角色和应该承担的责任和义务，更全面客观地了解自身能力、素质等方面的不足，提高自我认识水平。

（2）提高员工的知识水平和技能水平。通过培训，员工的知识水平和技能水平将得到提高。而员工技能水平的提高，将极大提高企业的生产效率，为企业创造更多利润，员工也可为此获得更多收入。

（3）转变员工的态度和观念。员工通过培训可以转变态度，如对待技术革新的态度、对待企业的态度等。此外，员工培训可以让员工转变观念，如树立终身学习的观念、质量观念等。

1.1.4 培训管理体系的构建

1．员工培训责任体系

员工培训不仅是人力资源部门的事情，而且需要多方的共同参与、有力配合才会取得预期效果。对此，企业需对各级主体在培训工作中的职责予以清晰划分。表 1-1 所示是一张培训责任划分表，仅供参考。

表 1-1　　　　　　　　　　培训责任划分

主　体	职　责
总经理	（1）对本单位培训工作负领导责任 （2）负责审批各部门年度培训计划
人力资源部门/培训部门	负责企业员工培训活动的计划、实施和控制，具体内容如下： （1）培训需求分析 （2）确定培训目标 （3）设计培训项目/内容 （4）员工培训实施 （5）培训效果评价
各业务部门	（1）协助人力资源管理部门进行培训的实施、评价 （2）对本系统员工培训工作负组织管理责任
培训师	（1）了解员工培训需求 （2）编制培训讲义与课件 （3）进行授课，灵活运用各种培训方法，确保员工掌握培训的内容
员工	（1）有积极参与培训的意愿 （2）自我学习 （3）将培训的成果主动运用到工作中 （4）对参与的课程提供反馈意见

2. 培训运营实施体系

（1）培训前运营体系设计。企业培训前运营体系设计是指在开展培训前，人力资源部门应做好充分准备，在细节上加强对培训的把控，确保培训有序进行。其内容主要包括布置培训场所、准备现场、制定培训纪律等内容。

（2）培训中运营体系设计。在培训期间，人力资源部门需及时跟进培训计划的实施情况，其内容包括培训进度开展情况、培训记录是否完备、培训期间的效果反馈等。这些工作的成效，直接影响着培训的效果。

（3）培训后运营体系设计。在培训结束后，人力资源部门需对培训的开展情况进行整体评估，其主要工作事项包括培训效果追踪、培训考核与评估、培训总结与反馈等。

3. 培训预算管理体系

培训预算管理的主要工作包括培训预算编制、培训预算执行、培训预算分析与调整 3 个方面，具体内容如图 1-2 所示。

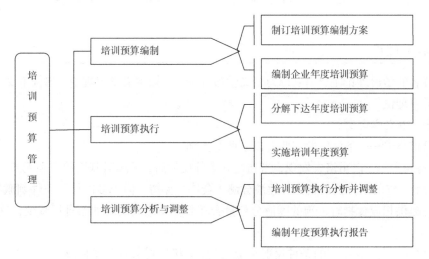

图 1-2　培训预算管理任务分解

4. 企业培训评估体系

培训评估是运用科学的方法，从培训项目中收集数据，确定培训项目的价值和质量的过程。企业建立培训评估体系有助于检验培训的最终效果，规范培训运营团队的行为。

建立一套完善的评估体系，企业至少需做好 4 个方面的工作，具体内容如表 1-2 所示。

表 1-2　　　　　　　　　　培训评估体系的内容（部分）

内　容	内容说明
阶段	培训前评估→培训期间评估→培训结束后评估
内容	学习成果、培训企业管理、培训师水平、经济效益
方法	测试、实际操作、观察等
工具	培训评估成绩记录表、柯氏评估模型、测试题等

【微课堂】

1. 培训能解决哪些问题？
2. 简述员工培训与开发的区别与联系。

1.2 成人学习的理论及特点

1.2.1 学习理论

世界著名的学习理论主要有：行为主义学习理论、认知主义学习理论、建构主义学习理论、人本主义学习理论。

1. 行为主义学习理论

（1）巴甫洛夫——条件反射主要有以下两个方面。

① 保持与消退。巴甫洛夫发现，当狗建立条件反射后，继续对其用铃声和无条件刺激（食物）进行影响，狗的条件反射行为（唾液分泌）会持续保持。但当多次伴随条件刺激物（铃声）出现而没有提供相应食物时，狗的唾液分泌量会随着实验次数的增加而自行减少，这便是反应的消退。

② 分化与泛化。在一定的条件反射形成之后，有机体对其他与条件反射物相类似的刺激也做出一定反应的现象叫作泛化。而分化则是有机体对条件刺激物的反应进一步精确化，即对目标刺激物加强保持，而对非条件刺激物进行消退。

（2）桑代克——联结学说。桑代克认为所谓学习就是动物（包括人）通过不断地尝试形成刺激——反应联结（即 S—R 联结），从而不断减少错误的过程。他把自己的观点称为试误说。

（3）斯金纳——强化学说。桑代克侧重于研究学习的 S—R 联结，而斯金纳则在桑代克研究的基础上，进一步探讨了小白鼠乐此不疲地按动操纵杆的原因——因为小白鼠每次按动操纵杆都会吃到食丸。斯金纳把这种会进一步激发有机体采取某种行为的程序或过程称为强化；凡是能增强有机体反应行为的事件或刺激均叫作强化物，导致行为发生的概率下降的刺激物叫作惩罚。

（4）班杜拉——社会学习理论。美国心理学家班杜拉在反思行为主义所强调的"刺激—反应"简单学习模式基础上，接受了认知学习理论的有关成果，提出了学习理论必须研究学习者头脑中发生的反应过程的观点，形成了综合行为主义和认知心理学有关理论的认知——行为主义的模式，进而提出了"人在社会中学习"的基本观点。

根据以上行为主义学习理论的四大观点并结合企业现行的培训管理工作，我们意识到行为是学习者对环境刺激做出的反应。他们将环境看成是刺激物，把伴随而来的有机体行为看作反应，认为所有行为都是习得的。

行为主义学习理论应用在企业培训实践上，就是要求企业掌握塑造和矫正员工行为的方法，为员工创设一种环境，尽可能最大限度地强化员工的合适行为，消除其不合适行为。

2. 认知主义学习理论

（1）布鲁纳——认知结构学习理论。布鲁纳主要研究有机体在知觉与思维方面的认知学习，他把认知结构称为有机体感知和概括外部世界的一般方式。布鲁纳始终认为，学校教育与实验室研究猫、狗、小白鼠受刺激后做出的行为反应是截然不同的两回事。他强调学校教学的主要任务是主动把学习者旧的认知结构置换成新的，促成个体能够用新的认知方式去感知周围世界，并提倡有效学习方法、重视学科基本结构的掌握、强调基础学科的早期教学、主张学生去发现学习。

（2）奥苏伯尔——认知同化理论。奥苏伯尔是美国认知主义心理学家，他在批判行为主义简单地将动物心理等同于人类心理的基础上，创造性地吸收了皮亚杰、布鲁纳等同时代心理学家的认知同化理论思想，提出了著名的有意义学习、先行组织者等，并将学习论与教学论两者有机地统一起来。

（3）加涅——信息加工理论。1974 年，加涅利用计算机模拟的思想，坚持利用当代认知心理学的信息加工的观点来解释学习过程。他认为，任何一个教学传播系统都由"信源"发布"消息"，编码处理后通过"信道"进行传递，再经过译码处理，还原为"消息"，被"信宿"接收。该模型呈现了人类学习的内部结构及每一结构所完成的加工过程，是对影响学习效果的教学资源重新合理配置、调整的一种序列化结构。

认知学习理论的基本观点表明：人的认知不是由外界刺激直接给予的，而是外界刺激和认知主体内部心理过程相互作用的结果。学习过程不是逐步的尝试与错误的过程，不是依靠试误实现的，而是一个突然领悟和理解的过程。

结合企业员工培训管理工作，我们能够意识到员工受训学习是员工凭借智力与理解的认知过程，绝对不是盲目尝试，强化并不是学习产生的必要因素。根据这种观点，员工学习过程可被解释为每个员工根据自己的态度、需要和兴趣并利用过去的知识与经验对当前工作的外界刺激（如培训内容）做出主动的、有选择的信息加工过程。

因此，企业培训师的任务不单纯是向受训人员灌输知识，而是首先激发受训人员的学习兴趣和学习动机，然后将当前的培训内容与受训人员原有的认知结构有机联系起来，使受训人员不再是外界刺激的被动接收器，而是主动对外界刺激提供的信息进行选择性加工的主体。

3. 建构主义学习理论

（1）维特罗克——知识构建论。维特罗克认为学习过程不是先从感觉经验本身开始的，它是从对该感觉经验的选择性注意开始的。任何学科的学习和理解总是涉及学习者原有的认知结构，学习者总是以其自身的经验，包括正规学习前的非正规学习和科学概念学习前的日常概念，来理解和建构新的知识或信息。建构既是对新信息的意义的建构，也是对原有经验的改造和重组。因此，他们更关注如何以原有的经验、心理结构和信念为基础建构知识，更强调学习的主动性、社会性和情景性。

（2）凯利——个人构建学说。凯利指出："第一，个人建构是不断发展、变化和完善的，可推陈出新、不断提高。第二，个人建构因人而异。在他看来，现实是个人所理解和感受到的现实，面对同一现实，不同的人会有不同的反应。第三，在研究人格整体结构的同时，不能将其组成部分弃于一端，而应努力做到整体与部分、形式与内容的有机统一。第四，当人们总用已有的建构去预期未来事件时，不可避免地要遇到一些困难和麻烦，这时新的信息和元素需要加入原有的建构。第五，一个人要获得一种同现实十分一致的建构体系绝非轻而易举，要经过大量的探索和试误过程。"

建构主义学习理论强调以受训人员为中心，要求受训人员由被动的接收者变成信息加工的主体、知识意义的主动建构者。相应地，培训应围绕"自主学习策略、协作学习策略、学习环境"设计，以促进受训人员主动建构知识意义。

建构主义学习理论强调学习过程中受训人员的主动性、建构性、探究性、创造性，认为知识不是通过培训师传授得到的，而是受训人员在一定的情景即社会文化背景下，借助学习，通过必要的学习资料及有意义建构的方式获取知识的过程。建构主义学习理论要求培训师由知识的传授者、灌输者转变为受训人员主动建构意义的帮助者、促进者，要求培训师在培训过程中采用全新的授课思路和授课模式。

4．人本主义学习理论

（1）马斯洛——自我实现的三大理论、需要层次理论。马斯洛提出的自我实现的三大理论分别是性善论、潜能论和动机论。马斯洛认为，人的需要是分等级的；低层次的需要是高层次需要的基础；人类需要层次呈波浪式发展，也就是说，不同层次的需要可以同时存在；不同层次的需要的发展与许多因素有关。

（2）罗杰斯——意义学习。所谓意义学习，不是指那种仅涉及事实积累的学习，而是指一种使个体的行为、态度、个性以及在未来选择行动方针时发生重大变化的学习。罗杰斯认为，意义学习有4个要素：① 学习具有个人参与的性质，即整个人都投入学习；② 学习是自我发起的，即有外界的学习刺激，但学习活动的产生还是发生在学习者内部；③ 学习是渗透性的，即学习者通过学习可以改变自己的行为、态度、甚至个性；④ 学习是学习者自我评价的，因为只有学习者自己才真正清楚这种学习是否真正满足了自己的需要，自己的知识是否有了增长。

1.2.2 成人学习的理论

由于企业员工都是成人，具有成人学习的一般特征，因而研究和掌握成人学习理论，并合理地加以利用，对提高员工培训的效果大有裨益。3 种有代表性的成人学习理论如表 1-3 所示。

表 1-3 　　　　　　　　　　　　　　　成人学习理论

提出者	理论	理论内容
麦克卢斯	余力理论	生活的余力是指生活能力与生活负担之差，即能量剩余。生活余力可因能力增加或负担减少而增加，也可因负担增加或能力减少而减少，成年个体的需要在能量需要与实现需要的可能性之间寻求生长变化的平衡
马尔科姆·诺尔斯	成人自我导向学习理论	诺尔斯强调学习的责任应回归到学习者本身，并将自我导向学习界定为"一种由个体自己在别人帮助或独自发动完成的活动过程"。在此过程中，学习者自我诊断学习需求，拟订学习目标，确定学习所需的人力资源和物质资源，选择并实施适当的学习策略，并评价学习成果
麦基罗	成人转化学习理论	麦基罗把转化学习定义为"使用先前的解释分析一个新的或者修订某一经验意义的解释并作为未来行动向导的过程"。其中，批判性反思和理性交谈是成人转化学习的关键

1.2.3　成人学习的特点

成人学习是一种目的性极强的学习过程。针对员工培训，企业需考虑员工具有成人学习的这一特性，因为这决定着员工培训是否能够有效开展。成人学习的特点主要包括以下 3 个。

成人学习的特点

1．社会性特点

（1）学习的延续性。成人的学习，是在已有知识经验基础上的再学习、再教育，具有延展性、继续性。

（2）学习的职业性。成人受训人员的学习同个人的职业相联系，即自身学习的内容与职业的需求同步。

（3）学习的从属性。成人受训人员是社会中的劳动成员，他们对科学文化技术的需要，实质上是社会的需要。

（4）学习的终身性。当今社会要求每个人把学习贯彻到人的整个一生，生命不息，学习不止。

2．能力特点

（1）目标明确。学习目标明确，有助于成人受训人员形成恒定的学习动力。

（2）自制力较强。自制力强，有助于成人受训人员排除各种干扰，稳定学习情绪，形成对学习的专一性和持久性。

（3）理解能力较强。理解能力强，有助于成人受训人员对知识的理解和掌握。

（4）应用性强。应用性强，有助于成人受训人员理论联系实际，促进创造能力的迅速提高。

（5）学习能力较强。经过学习实践，成人受训人员不仅可以积累较为成功的学习经验，而且可以提高学习能力水平。

3．心理特点

（1）成人自尊心强，有独立的基于自身社会经验得到的观点。

（2）学习的信心低，对超出自身范围的知识信心不足。

（3）表达的需求强，成人有发表自己见解的心理需求。

【微课堂】

1．成人学习者的特点有哪些？
2．简述某种成人学习理论。

1.3

培训规划的编制

员工培训规划是在培训需求分析的基础上，从企业总体发展战略的全局出发，根据企业各种培训资源的配置情况，对计划期内的培训目标、对象和内容，培训的规模和时间，培训评估的标准，负责培训的机构和人员，培训师的指派，培训费用的预算等一系列工作所做出的统一安排。

1.3.1　员工培训规划的编制要求

企业员工培训规划作为企业人力资源管理重要的组成部分，在企业培训管理活动中具有极为重要的地位和作用。在编制培训规划时，需把握以下4个要求（见图1-3）。

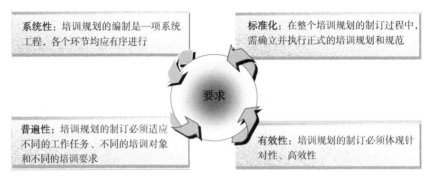

图 1-3　员工培训规划的编制要求

1.3.2　员工培训规划的主要内容

概括起来，员工培训规划主要包括以下6个方面的内容，具体内容如表1-4所示。

表 1-4 员工培训规划的主要内容

内 容	内容说明
培训项目的确定	（1）明确培训需求的优先次序 （2）明确培训群体的规模 （3）确定培训的目标
培训内容的开发	（1）明确培训的内容 （2）练习环节
培训实施过程的设计	（1）培训进度的设计 （2）培训方式的选择 （3）培训环境的布置
培训资源的筹备	确定培训所需的人、财、物、时间等资源
培训成本预算	（1）确定培训经费的来源 （2）经费的分配与使用 （3）培训成本收益的计算等
培训评估方式的选择	（1）如何评估培训效果 （2）如何评估培训工作中的运营状况等

1.3.3　员工培训规划的编制步骤

员工培训规划的编制主要包括以下几个步骤。

1. 培训需求分析

培训与开发的目的在于提高员工的绩效，这就需要用一种方法来决定员工现有绩效是否需要提高，以及在哪方面和何种程度上得到提高。在培训规划设计过程中，这种方法就是需求分析。

2. 岗位职责说明

要想判断某一培训规划应包括哪些内容，就需要用一种方法来说明培训与何内容关联性强。在培训规划设计中，这种方法就是岗位职责说明。

3. 工作任务分析

由于各类工作岗位的任务内容不同，因而对培训的要求也不同。一些工作任务可能要求培训提供专业知识方面的支持，另外一些工作任务可能要求培训提供解决某种问题的方法。因此，要想为某项工作任务选择切实可行的培训方法，就需要采用特定的方式，对岗位工作任务的培训需求进行分析。

4. 培训内容排序

我们从事的每项工作中都有很多技能需要学习，那么，我们该如何确定科学的学习顺序？在培训规划设计中，完成此项任务的过程就是排序。

5. 陈述学习目标

目标是对培训结果或由培训带来的岗位工作结果的规定。为了使培训达到预定的目标，需要对培训目标做出清晰的说明。

6. 设计训练测验

培训规划设计完毕后，要付诸实施，并要对其培训效果进行检验。因此，它必须提供可靠的和有效的测评工具。这些工具必须能精确地显示员工在经过培训后有多少进步。因此，在陈述完学习目标后，设计者要设计训练测验。

7. 制定培训策略

制定培训策略就是针对培训面临的问题，来选择、制定相应的措施。

8. 研发培训内容

培训策略必须转化成具体的培训内容和培训程序，才能得以执行和运用。

9. 进行试验验证

按照上述步骤设计的培训规划，虽然从理论上讲可能非常完美，但是，它是否考虑了不该考虑的因素，它是否能在实践中起到预期的作用，我们需要对培训规划进行试验，然后根据试验结果进行改善。

【微课堂】

1. 简述员工培训规划的主要内容。
2. 员工培训规划的编制需符合哪些要求？

复习与思考

1. 培训的定义是什么？
2. 培训与开发规划的原则是什么？
3. 培训能解决哪些问题？
4. 制订员工培训规划有哪些要求？

知识链接

杜邦公司的员工培训与潜能开发

杜邦公司不仅具有严密的管理体系，而且拥有一套系统的培训体系。

一、员工培训

每年杜邦公司会根据员工的素质、各部门的业务发展需求等拟订出一份培训大纲。上面清楚地列明该年度培训课程的题目、培训内容、培训教员、授课时间及地点等，并在年底前将大纲分发给杜邦公司各业务主管。各业务主管根据员工的工作范围，结合员工的需求，参照培训大纲为每个员工制订一份培训计划，员工会按此计划参加培训。

二、潜能开发

杜邦公司还很重视对员工潜能的开发，会根据员工不同的教育背景、工作经验、职位需求提供不同的培训。除了公司培训大纲里的内容之外，如果员工认为社会上的某些课程会对自己的工作有所帮助，可以向主管提出培训申请，杜邦公司就会合理地安排人员进行培训。

【本章知识导图】

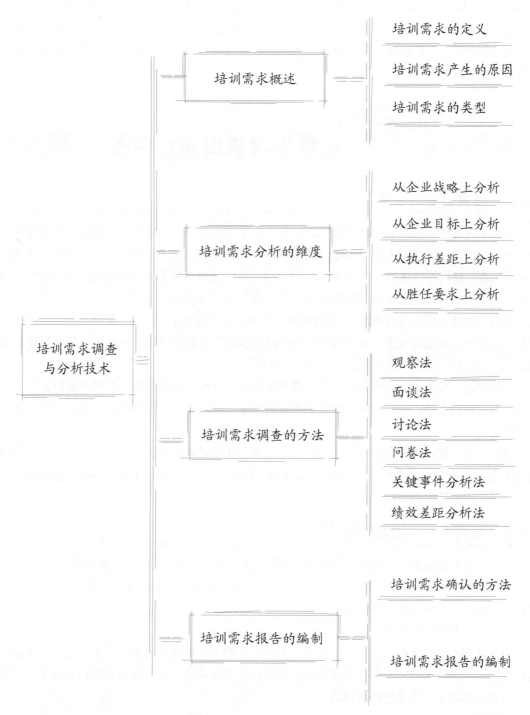

【学习目标】

职业知识	• 了解培训需求调查分析的实施程序 • 熟悉各种培训需求调查分析的方法和技巧
职业能力	• 掌握培训需求的调查方法，提高需求调研的有效性 • 掌握培训需求分析方法，并能依据分析的信息制订有效的培训计划
职业素质	具备专业的培训知识，具备良好的分析判断能力、沟通协调能力以及执行能力

培训需求分析既是确定培训目标、制订培训计划的前提，也是进行培训评估的基础。企业只有明确培训需求，进行培训需求分析，才能使培训活动的效益最大化。培训需求调查分析是培训活动的首要环节。

2.1 培训需求概述

2.1.1 培训需求的定义

心理学认为需求是人的一种主观状态，是个体在生长过程中对缺乏又渴望得到的事物的一种心理反应活动。现代成人学习理论研究证明，成人教育的成效在很大程度上依赖于学习者的需求和兴趣。我们可以认为，"培训需求"是企业、员工或培训师本人对培训的"现实状态"与企业、员工或培训师本人对其"期望状态"之间的一种可测定的"差距"。

从以上所述的层面进行考虑，"培训需求"不再是通常意义上的期望、意愿或目标，抑或是问题、矛盾等，而是存在于"现实状态"与"期望状态"之间的差距，我们可以将其简化为下列公式："培训需求"="期望状态"－"现实状态"。

在培训需求分析中鉴别出来的需求（即绩效或能力方面存在的差距）在很多时候都可以用培训的方式进行干预，得到弥补。而对于企业的需求，我们首先要明确哪些需求是可以通过培训来满足的。

我们认为，培训需求是指特定工作的实际需求与任职者现有知识、能力之间的距离，即理想的工作绩效－实际工作绩效=培训需求。培训需求是培训计划中的一个必要环节，它回答的问题是培训活动要达到的目标是什么。

2.1.2 培训需求产生的原因

当员工个人或企业意识到其工作表现、能力与理想化的需求之间存在一定差距时，所谓"培训需求"就产生了。对培训需求产生的原因进行客观的分析直接关系到培训的针对性和实效性。培训需求的产生主要来源于以下3个方面。

1. 工作内容发生改变

企业处在不断变化和发展的环境之中，不同岗位的工作内容也会相应发生变化。为了适应这种变化，培训需求随之产生。也就是说，当岗位职责有调整、任务内容有变动、方法方式需要改变时，都需要对员工进行再培训。

2．工作领域发生改变

无论员工原来从事何种工作，只要他们进入新的企业、行业，踏入新的工作领域，为了尽快进入工作状态，都需要参加培训。无论员工原来的绩效如何，只要引入了新的生产线、新的设备装置，采用了新的技术，就需要对其进行培训。

3．绩效目标发生改变

实现既定的或者更优异的绩效目标是企业所希望的，但是部分员工因能力方面的原因，达成既定目标有些困难，由此产生了相应的培训需求。或者，即使员工现在的绩效是令人满意的，但为了开发员工潜能，也需要对其进行系统的培训。

2.1.3 培训需求的类型

企业的培训需求可以从不同的角度进行分类。

1．按培训对象的范围划分

按照培训对象的范围，企业的培训需求可划分为普遍培训需求和个别培训需求。

（1）普遍培训需求。普遍培训需求，是指全体人员共同的培训需求，不仅包括职业素养、通用管理技能、个人发展等培训需求，还包括专业知识、专业技能等培训需求。普遍培训需求的分类及具体内容如图 2-1 所示。

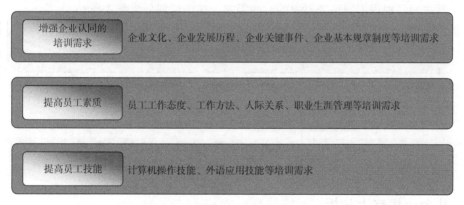

图 2-1　普遍培训需求的分类及内容

（2）个别培训需求。个别培训需求，是指由于部门不同、层级不同、岗位不同、资历不同而产生的部分人员或个别人员的培训需求。各类专业技能培训需求就属于个别培训需求。个别培训需求的分类及具体内容如图 2-2 所示。

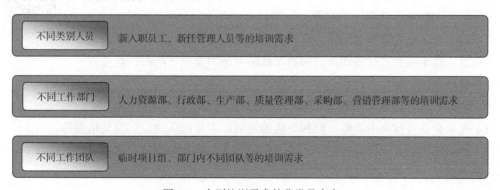

图 2-2　个别培训需求的分类及内容

2. 按培训时间的长短划分

按培训时间的长短，企业的培训需求可划分为短期培训需求和长期培训需求。

（1）短期培训需求。短期培训需求，是指在一般情况下，企业未来一年内的培训需求，包括年度培训需求、季度培训需求、月度培训需求等。

短期培训需求包括突发情况的解决、引进技术的普及、政策法规的学习等。短期培训需求侧重于对具体问题的解决和具体事项的处理，适用于由不满意到满意、由不合格到合格、由不胜任到胜任这一范畴的培训。

（2）长期培训需求。长期培训需求，一般是指企业在未来 1 年以上（含 1 年）时间内的培训需求。这类培训需求的产生并不是基于现状的，而是基于企业未来发展的要求。长期培训需求制订的依据是企业未来的发展战略目标和经营管理目标。长期培训需求主要涉及理念变革、战略转换、人才培养等方面的培训内容。

【微课堂】

1. 根据不同培训对象的时间需求，培训可划分为哪 3 类？
2. 培训需求产生的原因有哪些？

2.2 培训需求分析的维度

2.2.1 从企业战略上分析

企业战略，是指企业为了实现未来一段时间内的目标而采取的一系列对策和措施。企业战略在很大程度上影响着培训的类型、数量及所需要的资源等。企业发展战略影响着培训的有关决策和实施。

1. 企业战略与培训规划的联系

培训对实现企业战略影响深远，那些培训投资大、训练频率高的企业战略实现程度，高于随意进行培训活动和缺乏战略考虑的企业。同时，企业战略也影响着培训活动的频率和企业培训职能部门的组建方式。

培训需求的分析
与确定

2. 企业培训的侧重点因企业战略而不同

（1）如果企业实行集中战略，则相对应的培训需求是团队建设、交叉培训等。

（2）如果培训侧重于寻找新工作、革新培训，企业的竞争力就会被削弱，这就和企业的战略模式相背离。

（3）如果强调利用培训来支持战略的实施，企业就会倾向于将这个职能独立出来，以培训部、人力资源部或企业大学的形式组建这一职能。

（4）内部成长战略强调的是对管理人员冲突处理及调和、沟通和反馈技能的培训；外部成长战略强调的是人员合并程序的培训；紧缩战略强调的是时间管理、压力管理和沟通技能的培训等。

3. 从企业战略上分析培训需求的信息来源

培训需求从企业战略上分析应该根据不同的企业状况采取不同的方法。不同的企业状况，其培训需求分析的信息来源也不同，主要来源包括企业目标信息、人力资源储备信息、技能储备信息、企业氛围指数（缺勤率、离职率、生产率）等。

2.2.2 从企业目标上分析

企业目标是企业一切活动的导向，影响着培训的进行，并且其目标贯穿在整个系统性的培训活动过程中。

清晰的企业目标决定了个体培训的重心，且对员工知识和技能的提高有引导作用。企业目标可以帮助企业更好地确立培训目标，使培训部门明确企业要实现目标所必需的知识、技能和能力，以及现有的知识、技能和能力状况。

了解企业目标是鉴别企业培训有效性的起点。如果企业不能顺利实现其目标，证明培训活动可能是一种支持手段。如果能够实现其目标，证明企业不需要培训活动。但是，即使是这样，也需要进一步调查清楚企业在目标实现中可能存在的问题和可以进行改进的地方，这里还可以引申出开发培训需求的项目。

同时，通过对企业目标的分析，企业也可以看到自己在哪些领域做得较好，这些做得较好的领域就会成为其他领域改善自己的标杆，由此可以分析出那些做得不好的领域应该如何向标杆领域学习。例如，一个企业的目标是提高产品的质量，其培训活动就必须围绕这一目标来进行。若企业目标模糊不清，培训规划的设计与执行就会很困难。

2.2.3 从执行差距上分析

培训需求分析在很大程度上依赖于企业中高层的重视。特别是作为执行者的中层管理人员，要掌握一定的培训需求分析技术，并配合培训人员做好培训需求分析工作，这样培训才能成为企业收益最大的投资。

培训需求分析一般是从组织分析、工作分析和人员分析入手，发现绩效差距。这种系统的方法较适合规模较大的企业进行年度或中长期的培训需求分析，而不适合规模小的企业进行短期或临时性的培训需求分析。培训需求从执行差距上进行分析，主要包含以下内容。

1. 查找整体的绩效差距

培训需求分析应从绩效差距入手，从绩效差距中找出员工素质能力短板，或是企业战略和企业文化需要的员工能力与员工实际能力之间的差距，从而确定能否通过培训手段消除差距，提高员工生产率。

2．分析绩效差距的原因

只有发现了绩效差距并找出产生差距的原因，才能确定通过什么办法去消除它。若绩效差距来自环境、设备或激励制度等方面，则培训效果有限；若绩效差距来自员工个人个性或其所具备的知识、技术或态度，培训就十分必要。

3．设计针对性的解决方案

找出差距原因后，需确定是采取培训还是非培训方法消除差距，然后设计解决方案。

4．设计简单科学的分析工具

（1）直线管理人员最熟悉下属工作绩效的问题在哪儿，只要提供一定的分析工具，就能帮助他们或通过他们获取员工绩效差距的信息，由此辨别是什么领域存在绩效问题。

（2）员工对自己工作中的问题、障碍最了解，通过他们了解情况能获取一定的重要信息。但他们不一定完全清楚自己在工作上缺少什么，这就需要通过直线管理人员对员工填写的信息进行补充和审核，然后返回人力资源部做进一步分析，并对相关人员进行问题访谈。

5．培训与开发的战略分析

培训最终是为企业战略与经营目标实现服务的。企业可通过对企业经营战略、年度经营计划和人力资源开发计划进行分析，制订一定时期的培训需求计划。但是，培训计划要不断地随企业业务的变化而调整，才能真正服务于企业的发展。

2.2.4　从胜任要求上分析

通过分析企业内部不同岗位胜任的要求，可以找到区分绩效优秀的员工和一般员工的特征，但是要使现有人员符合岗位的胜任要求，就必须借助一定的培训与能力开发。满足胜任岗位要求的培训需求内容如图 2-3 所示。

图 2-3　满足胜任要求的培训需求内容

【微课堂】

> 为了对培训需求有更加科学、准确的把握，企业可以从不同的维度对其进行分析，请你谈谈各维度之间的关联。

2.3 培训需求调查的方法

2.3.1 观察法

观察是企业了解员工工作表现的最佳方式，通过观察能够发现员工工作中存在的问题。培训管理人员可以运用观察法获取培训需求信息。观察法，是指培训管理人员通过较长时间的反复观察，或通过多种角度、多个层面或在有典型意义的具体事件进行细致观察，进而得出结论的调查方法。

培训需求的调研
方法

通过观察法进行需求调查不妨碍被观察员工的正常工作和肢体活动，并且所获得的资料能够更准确地反映实际培训需求，调查的偏差较小。但进行观察的观察者只有做到对被观察员工所从事的工作程序和工作内容十分熟悉时，才能做好观察工作。另外，如果被观察员工对观察者的观察行为有所察觉，可能会故意制造假象，致使观察结果产生偏差。

培训管理人员在运用观察法调查培训需求时，应注意以下事项。

（1）观察者必须对要观察的员工所进行的工作有深刻的了解，明确其行为标准。

（2）观察者进行现场观察不能干扰被观察员工的正常工作。

（3）观察法的适用范围有限，一般适用于易被直接观察和了解的工作，不适用于技术要求较高的复杂性工作。

（4）观察者可以采用摄像或录像技术记录被观察员工的表现，然后观看录像，从而发现问题。

2.3.2 面谈法

面谈法是指访谈者根据与受访人面对面的交谈，从受访人的表述中发现问题，进而选择培训需求的调查方法。

面谈分为正式面谈和非正式面谈两种情况。正式面谈是指访谈者以标准的模式向所有受访者提出相同问题的面谈方式。非正式面谈是指访谈者针对不同的受访人提出不同的开放式问题，以获取所需信息的面谈方式。

1. 面谈法的优缺点分析

面谈法具有自身的优缺点以及适用范围，所以企业在实际开展培训需求调查时，最好不要单独使用一种方法。

面谈的优点是可以收集到较为全面、真实的资料，能够了解问题核心，有效性较强，可得到自发性的回答并且能够控制非语言行为。如果开展团体面谈，还可以节省时间。

面谈法的缺点是需要投入较多人力、物力和时间，涉及的样本容量较小，并且受访者容易受到访谈者的影响，给受访者带来不便。

2．开展面谈的流程

通过面谈法收集培训需求分析信息时，应按照一定的流程执行，如图 2-4 所示。

图 2-4　开展面谈的流程

3．针对不同层级员工实施面谈法的关键点

企业在针对不同层级的员工进行培训需求调查时，要依据具体要求选择面谈的内容，如图 2-5 所示。

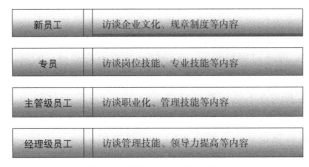

图 2-5　面谈法实施的关键点

2.3.3　讨论法

讨论法是指从培训对象中选出一部分具有代表性且熟悉问题的员工作为代表，一般通过讨论的形式调查培训需求信息。

讨论法的形式比较灵活，可以是正式的，也可以是非正式的，可以通过头脑风暴、组织对照等多种方式进行。在小组讨论开始之前，会议的组织者或主持人要事先确定讨论的形式和内容，以便有效地控制讨论的方向和进度。

1．讨论法的优缺点分析

讨论法的优点是能够在讨论现场集中表现不同的观点，缩短决策的时间，尽快达成一致意见。讨论法的缺点是组织成本较高，要花费较多时间、财力和物力。如果有一部分人在公开场合不愿表达自己的看法和观点，就可能导致无法全面收集到不同的观点。

2．讨论法的开展流程

（1）在开展培训前，培训管理人员应召集小组讨论的成员，向他们说明企业或员工的现实情况及存在的问题。

（2）小组成员对员工出现的问题和产生的原因或相关情况进行讨论，然后找出相应解决办法或视情况进行界定、分析。

（3）依据小组成员汇总讨论的结果，最终判断培训是否为解决问题或改变现状的有效方法。

2.3.4　问卷法

问卷法是指培训管理人员以标准化的问卷形式列出一组问题，要求调查对象就问题进行打分或做是非选择，然后进行分析。

当需要进行培训需求分析的人较多且时间较为紧急时，培训管理人员可以精心准备一份问卷，以电子邮件、传真或直接发放的方式让员工填写；也可以在进行面谈和电话访谈时根据被调查人的回答由调查人自己填写问卷。

1．问卷法的优缺点分析

问卷法的优点在于问卷开展的费用低，并且规模不受限制。另外，因为问题是培训管理人员设计的，所以收集的信息会比较全面。问卷法的缺点在于问卷调查持续的时间较长，问卷回收率不是很高，并且一些开放性问题得不到良好答案。

2．问卷形式分类

问卷形式包括开放式、探究式和封闭式 3 种。

（1）开放式问卷。主要采用"什么""如何""为什么"或"请"等进行提问，被调查员工回答时不能用"是"或"否"来简单应对，如"你为什么参加此类培训"。此种问卷的作用主要表现在可以发掘被调查员工的想法和观点上。

（2）探究式问卷。此种问卷更加具体化，采用"多少""多久""谁""哪里""何时"等提问，如"你希望这样的培训多久举行一次"。探究式问卷可以在一定程度上缩小收集信息的范围。

（3）封闭式问卷。只能用"是"或"否"来回答。封闭式问卷的作用体现为可以限制收集信息的范围。

3．问卷法的实施流程

问卷法的实施流程主要包括列出清单、问题转化、设计问卷、编辑问卷、讨论完善、模拟测试、正式问卷、调查实施。具体流程如图 2-6 所示。

1　列出清单，即列出所需了解的事项清单

2　问题转化，即将列出的事项转化为问题

3　设计问卷，即将问题设计成问卷的形式

4　编辑问卷，即编辑问卷并形成文件初稿

5　讨论完善，即就问卷初稿进行讨论和完善

6　模拟测试，即通过模拟测试发现问题

7　正式问卷，即完善问卷初稿形成正式问卷

8　调查实施，即通过问卷形式进行需求调查

图 2-6　问卷法的实施流程

2.3.5 关键事件分析法

关键事件分析法是指培训管理人员通过分析企业内外部对员工或者客户产生较大影响的事件及其暴露出来的问题，从而确定培训需求的一种方法。其适用于客户投诉、重大事故等较大影响事件出现的情况。其优点为易于分析和总结；缺点为事件具有偶然性，易以偏概全。

通过关键事件分析法收集培训需求分析信息时，可以按照图 2-7 中的流程进行。

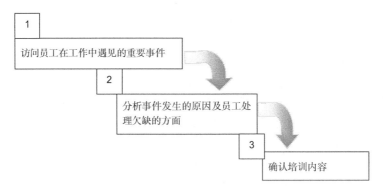

图 2-7 关键事件分析法收集培训需求分析信息的流程

2.3.6 绩效差距分析法

绩效差距分析法是指培训管理人员在分析企业员工及其员工绩效现状与理想状况之间差距的基础上，确认和分析造成差距的原因，最终确定培训需求的方法。其适用于员工绩效与理想状况出现差距的情况。

绩效差距分析法的优缺点，如图 2-8 所示。

图 2-8 绩效差距分析法的优缺点

通过绩效差距分析法收集培训需求分析信息时，可以按照图 2-9 中的流程进行。

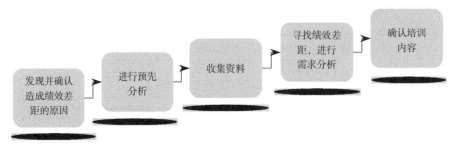

图 2-9 绩效差距分析法收集培训需求分析信息的流程

【微课堂】

> 1. 简述培训需求分析常用的方法。
> 2. 如何运用绩效差距分析法进行培训需求分析？

2.4 培训需求报告的编制

2.4.1 培训需求确认的方法

培训部门对通过各种调查方法所获得的培训需求信息进行汇总、分类后，形成企业或员工的初步培训需求。为了使培训切合企业或员工的实际培训需求，需要进行培训需求的确认工作。培训需求确认的方法主要包括以下 3 种。

1. 绩效面谈确认

绩效面谈确认是针对某一个体的绩效考核结果和培训需求，同培训对象面对面地进行交流，听取培训对象的意见、要求，确认差距，在此基础上对培训需求进行确认的方法。

2. 主题会议确认

主题会议确认，往往是针对某一普遍培训需求而实施。它通过就某一培训需求主题进行会议讨论，了解参会人员的意见或者建议，进而完善培训需求，确保培训需求的普遍性和真实性，为培训决策和培训计划的制订提供有力的信息支持。

3. 正式文件确认

在对培训需求达成共识后，为了便于以后各部门培训的组织实施，减少推诿或扯皮现象，需要用一份正式文件对培训需求进行确认，具体实施形式，如表 2-1 所示。

表 2-1 培训需求确认会签表

注：经部门需求调查和分析以及培训需求讨论会议通过，本部门员工培训需求情况如下					
普遍培训需求					
个别培训需求					
短期培训需求					
长期培训需求					
目前培训需求					
未来培训需求					
员工代表		部门经理		培训部	
地点		时间			

2.4.2 培训需求报告的编制

在完成员工培训需求的调查和确认后，就要将培训需求调查分析的结果撰写成正式的书面报告，即培训需求报告。培训需求报告的编制一般包括以下要点，如图 2-10 所示。

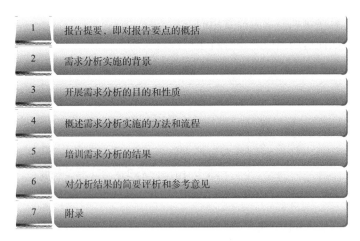

1	报告提要，即对报告要点的概括
2	需求分析实施的背景
3	开展需求分析的目的和性质
4	概述需求分析实施的方法和流程
5	培训需求分析的结果
6	对分析结果的简要评析和参考意见
7	附录

图 2-10　培训需求报告的编制要点

附录部分，主要是记录培训调查时用到的相关图表、调查问卷、访谈录音、原始资料等，其目的在于保证收集和分析相关资料和信息时所采用的方法是合理的、科学的。

【微课堂】

培训需求报告作为培训需求分析预测工作的总结材料，可以为企业提供关于员工培训的有关情况、评估结论及其建议，具有很强的指导性。为确保调查结果的真实性和有效性，请你谈谈企业培训部门在撰写培训需求报告时应该注意的问题。

复习与思考

1. 培训需求是如何产生的？
2. 培训需求有哪些类别？
3. 简述培训需求调查与分析的意义。
4. 试谈企业在制订新员工培训计划时应从哪几个方面进行需求分析。

知识链接

前瞻性培训需求分析模型

前瞻性培训需求分析模型由美国学者里普和克里诺提出。其将"前瞻性"思想运用在培训需求分析上是该模型的精髓。他们认为，随着技术的不断进步和员工的个人成长需要，员工即使目前的工作绩效是令人满意的，也可能会因为需要调动工作、职位晋升或者工作内容要求的变化等而提出培训要求。前瞻性培训需求分析模型为这些情况提供了良好的分析框架，如图 2-11 所示。

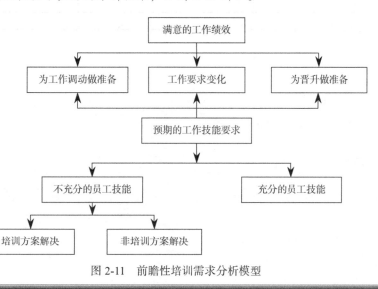

图 2-11　前瞻性培训需求分析模型

技能实训

实训内容：编制一份员工培训需求调查问卷

你是某公司人力资源部门的工作人员，目前公司打算做培训，公司人力资源经理要求你用问卷的方式调查各个部门的培训需求。问卷主要包括员工基本情况、对以往培训的感知、员工感兴趣的培训方式、对未来培训的建议和想法等内容。对此，请设计一份培训需求调查问卷，如表 2-2 所示。

表 2-2　　　　　　　　　　　员工培训需求调查问卷

一、基本信息					
姓名		性别		年龄	
部门		岗位		入职时间	
二、对以往培训的感知（可多选）					
1. 以往参加的培训		□自己要求　　□企业要求　　□自费学习			
……		……			
三、对哪种培训方式感兴趣					
内部培训		□课堂讲授式　　□角色扮演　　□小组讨论　□其他，请注明_____			
外部培训		□专业机构培训　　□院校合作　　□其他，请注明_____			
四、对未来培训的建议					
1. 关于培训时间					
……		……			

【本章知识导图】

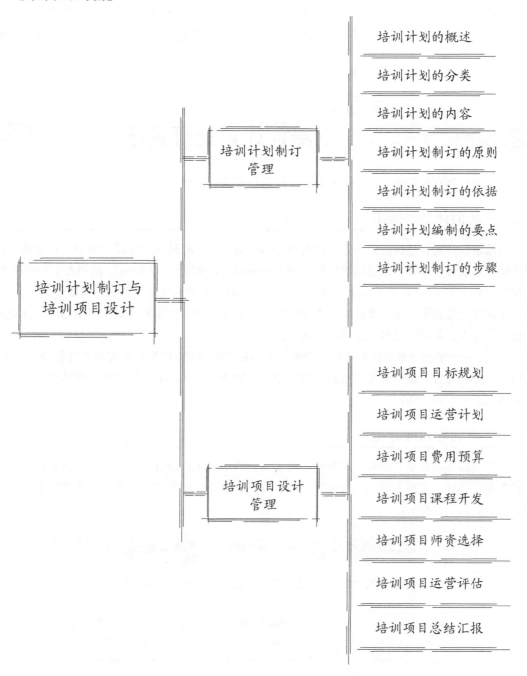

【学习目标】

职业知识	• 了解培训计划与培训项目管理的主要内容
职业能力	• 掌握培训计划制订的关键点与运行要点，能够根据需求制订出科学合理的培训计划 • 掌握培训项目管理的核心工具与技术，能够将其有效融入培训管理的业务中去
职业素质	熟悉培训体系搭建及培训管理，具备课程研发及授课能力，具有良好的沟通协调能力、分析判断能力

培训计划与培训项目管理如同道路指南一样，有了它，企业才能知道培训的起始点和最终的落脚点在哪里。所以，培训计划与培训项目管理是企业整个培训活动链条中非常重要的一环。

3.1 培训计划制订管理

培训项目要有效实施，首先需要制订一份培训计划。

3.1.1 培训计划的概述

所谓培训计划，是指按照一定的逻辑顺序排列的记录，它是从企业战略出发，在全面、客观的培训需求分析基础上做出的对培训时间（When）、培训地点（Where）、培训者（Who）、培训对象（Who）、培训方式（How）和培训内容（What）等的预先性、系统性的设定。

培训计划必须满足企业及员工两方面的需求，兼顾企业资源条件及员工素质基础，并充分考虑人才培养的超前性及培训结果的不确定性。

同时，一个单独的培训计划必须符合每一课程部分的培训，因为它们都有各自不同的目标，所以每一课程部分的培训都要求有独立的计划。一般来讲，我们要求培训课程在达到目标后，才能进入下一个培训课程。

3.1.2 培训计划的分类

培训计划是指企业对未来一段时间内将要进行的培训工作所做的事先安排，它是做好培训工作的前提条件。按照不同的划分标准，培训计划有着不同的分类，常见的分类形式有以下几种，具体如图 3-1 所示。

图 3-1　培训计划的分类

1. 按层次划分

（1）整体培训计划。整体培训计划是针对企业所有部门培训需求编制的培训计划，它是部门培训计划的源头。

（2）部门培训计划。部门培训计划是根据部门的实际培训需求制订的培训计划。部门培训计划由各部门组织实施，但是在部门培训实施的过程中，人力资源部门一定要帮助各部门协调资源以完成培训。

（3）个人培训计划。个人培训计划既有利于个人的发展，也有利整体培训计划和部门培训计划的完成。个人培训计划应该将整体、宏观的计划或培训目标进行分解，具体地落实到员工个人身上。

2. 按时间长短划分

（1）长期培训计划。长期培训计划一般指时间跨度为 3～5 年以上的培训计划。其重要性在于明确企业培训的方向性、目标与现实之间的差距和资源的配置，此 3 项是影响培训最终结果的关键性因素。

（2）中期培训计划。中期培训计划是指时间跨度为 1～3 年的培训计划。它在企业整体培训规划中起承上启下的作用，是长期培训计划的进一步细化，同时又为短期培训计划提供了参考。

（3）短期培训计划。短期培训计划是指时间跨度在 1 年以内的培训计划。在制订短期培训计划时，要着重考虑其可操作性和效果。

3. 按人员划分

（1）管理人员培训计划。即为提高企业管理人员的综合能力而制订的培训计划。

（2）技术人员培训计划。即为提高技术人员的理论水平和专业技能而制订的培训计划。

（3）其他类别人员培训计划。即因员工工作绩效不佳、工作内容发生变化等产生的培训需求而制订的培训计划。

3.1.3 培训计划的内容

一个完整的培训计划应包括具体的时间、地点、人物（培训对象、培训师）、目标、结果的评估等。具体的培训计划一般由 9 个方面构成，如图 3-2 所示。

3.1.4 培训计划制订的原则

企业在制订培训计划时，应遵循以下几个原则。

（1）培训计划制订需从企业发展战略出发。

（2）培训计划制订以各部门的工作计划为依据。

（3）培训计划制订应着重注意培训细节。

（4）培训计划制订必须进行培训需求调查，以培训发展需求为依据。

（5）培训计划制订应考虑设计不同的学习方式来适应员工的需要和个体差异。

（6）培训计划制订要以可掌控的资源为依据，尤其是受训人员培训时间上的承诺。

前言	介绍制订培训计划的背景和制订本计划的依据和理由
课程设置	列明课程名称，说明培训目的，简要介绍培训课程的内容
培训对象	对参训者的参训资格和参训人数进行具体规定，避免发生对不适宜人群进行不适宜培训的情况
时间、地点	明确培训的具体时间、期限和地点
培训师	简要介绍培训师的教育背景和阅历
培训方式	培训方式有讲授、研讨、角色扮演等方式；说明为配合某一培训方式需要参训者所做的准备工作
培训预算	实施培训计划需要的费用总额，主要包括培训教材费，聘请培训师的费用，参训者的交通、住宿、餐饮费用，培训场地租用费等各项开支
培训评估	对培训评估手段和评估人进行简要说明，以便衡量培训评估的效果
计划变更	明确计划调整的程序以及权限等

图 3-2 培训计划内容的构成

3.1.5　培训计划制订的依据

培训计划制订的依据，主要包括以下 4 个。

（1）以企业的整体发展和经营需要为依据。培训计划要服从或服务于企业的整体发展战略和经营需要，最终目的是实现企业的发展目标。

（2）以培训需求为依据。了解员工对培训的具体需求，在进行系统分析的基础上确定是否需要培训及培训的内容。

（3）以各部门工作计划为依据。部门的工作计划是公司发展计划得以贯彻的基础保障，培训计划的制订不能脱离部门工作计划。

（4）以可以掌握的培训资源为依据。如培训师、培训场地、培训预算等，通过整合利用这些资源保证各项培训计划可以顺利实施。

3.1.6　培训计划编制的要点

培训计划的编制需掌握 7 个要点。

1. 明确培训计划制订机构

培训计划制订不仅是培训部门的事情，它还涉及企业内部的许多部门，是一个系统性工程。因此，企业应明确计划制订机构的职责，以便协调各个部门制订培训计划。

2. 进行调查研究

调查研究的内容主要包括：预测出本企业短期、中期的生产和技术的发展情况；预测出本企业在短期、中期计划内对各种人员的需求数量；做好本企业员工素质方面的普查，切实了解员工在行为表现、文化、技术和管理等方面的现有水平；明确员工个人对培训与发展的要求；调查本企业在培训方面的条件，如培训师资、培训设备及培训经费等。

3．做好综合平衡

在制订培训计划时应做好综合平衡，注意员工发展与师资来源的平衡，培训与企业生产、经营正常运转的平衡，企业培训需求与受训人员要求的协调平衡，培训发展与培训投资的平衡等。

4．有效分配资源

根据各分项培训目标的轻重缓急分配资源，以保证各项目标都有相应的人力、物力和财力作为支持。

5．实现的可操作性

制订的培训计划应有可操作性。制定各分段目标或具体分项目标培训计划的实施细节，主要包括总体计划及各分项目标计划实施的过程、时间跨度、阶段、步骤、方法、措施、具体要求和评估方法等。

6．广泛征求意见

经过充分的讨论和集中修改，经企业的最高管理层审批后，下达到有关的基层单位实施。

7．灵活制订培训计划

灵活运用制订培训计划的步骤，不应平均用力，不能绝对统一。同时，各个步骤之间也要有交错进行的情况，既要注意向别人学习、借鉴别人的经验，也绝对不能盲目照抄，一定要结合本企业的实际情况进行。

3.1.7 培训计划制订的步骤

企业开展员工培训应首先制订培训计划。培训计划制订的步骤一般包括培训需求确定、培训目标确立、培训对象确定、培训内容及课程设置、培训负责人和培训师选择、培训形式和培训方法确定、培训时间和地点确定、培训效果评估方法确定、培训费用预算编制以及培训计划书编写。

培训计划的制订

1．培训需求确定

培训需求确定是培训工作的第一步，是确定培训目标、制订培训计划、设计培训内容、有效实施培训等多项培训工作的前提。企业进行培训需求确定时所做的主要工作事项包括培训需求调研、培训需求分析及培训需求确认，具体如图3-3所示。

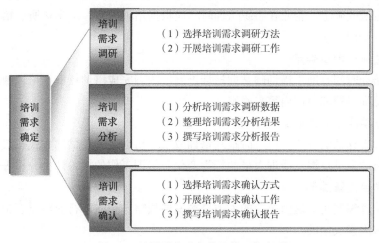

图 3-3　培训需求确定的具体工作事项

2．培训目标确立

培训目标确立的重要意义在于明确培训要达到的结果，以及为培训效果评估提供现实可行的标准。培训目标确立的依据主要包括以下两个。

（1）企业的实际需要。培训管理人员通过对各部门的工作进行分析，确定哪些环节需要通过培训来获得改进，或者通过分析工作中的关键事件以及员工应对关键事件的能力，确定最需要培训的地方，或者依据考核结果中出现的问题，确定培训目标。

（2）员工的素质情况。培训管理人员应明确员工与实际工作的需求存在哪些差距，了解这些差距哪些是因为员工缺乏知识导致的，哪些是因为员工缺乏技能导致的，哪些是因为员工态度不端正导致的，哪些是员工经过培训可以改善的等。

3．培训对象确定

培训管理人员根据培训需求调研分析的结果，结合企业的发展战略，确定需要接受培训的人员。

4．培训内容及课程设置

不同的培训对象，在不同的阶段，其培训内容是不一样的。例如，新员工入职培训与在岗人员的培训就要分别设置，如表3-1所示。

表3-1　　　　　　　　　　　　入职培训与在岗培训的培训内容设置

培训类别	培训对象	培训内容
岗前培训	新员工、新岗位任职人员	企业文化、企业发展状况、规章制度、职业素养、职业礼仪等
专业技能提高培训	在职人员	生产、营销、研发、人力等专业知识和技能
管理能力培训	基层、中层和高层管理人员	管理能力提高类内容，如沟通、授权、激励、执行力、领导力、时间管理、团队建设等

5．培训负责人和培训师选择

培训工作的组织者一般为培训部门的工作人员。培训师的选择一般要考虑选择标准、培训师来源和培训师管理3个方面的问题。

6．培训形式和培训方法确定

（1）培训形式的确定。培训形式可以根据培训手段确定，也可以根据培训对象的特征及兴趣、动机等确定。培训形式一般包括在岗培训、入职培训和离岗培训等。

（2）培训方法的确定。企业在组织培训时，应根据培训内容、培训场所、培训形式和培训对象选择合适的培训方法。

7．培训时间和地点确定

合理安排培训时间有助于培训师掌握培训进度，顺利完成培训任务。培训地点的选择要依据培训方式、培训经费和培训内容来确定。

8．培训效果评估方法确定

确定培训效果评估的方法，可及时跟踪培训效果。培训效果评估的方式一般包括受训人员考试、受训人员的意见反馈、受训人员的行为变化、培训工作的投入产出分析等。

9．培训费用预算编制

培训费用预算编制主要是由企业的人力资源发展战略、企业的行业特点、销售业绩和员工整体水平等诸多因素决定的。

10. 培训计划书编写

培训部门根据上述内容，采用企业规定的培训计划书模板编写培训计划书，并经相关领导审批后确定。

【微课堂】

培训计划的好坏直接影响培训效果。作为企业的人力资源管理人员，如何做好培训计划是非常关键的一环。那么，企业要制订一份完善的培训计划，需要注意哪些问题？

3.2 培训项目设计管理

3.2.1 培训项目目标规划

培训项目的目标是指对某一个或少数几个培训需求要点的细化，它反映了企业对该培训项目的基本意图与期望。

1. 培训项目目标的构成要素

一个完整的培训项目目标包括 3 个基本的构成要素：行为（能力）表现、行为发生的环境条件以及行为（绩效标准）。

在规划培训项目目标时，一方面要明确指出受训人员在接受培训之后所应掌握的知识与技能；另一方面应该指明受训人员在接受培训之后，在特定的环境条件下，能够表现出某种特定的行为，达到企业期望的业绩。

2. 培训项目目标设定的标准

培训项目目标设定的标准包括作业表现、环境条件、评价指标 3 个。

（1）作业表现。一个培训项目目标通常应该指出为了胜任某项工作，受训人员需要具备的能力，如"为新产品撰写产品说明"。

（2）环境条件。一个培训项目目标的阐述，应具体说明是在什么内外部环境和相应条件要求的前提下来实现的。例如，"在掌握了有关某个产品所有工程信息的情况下，受训人员能够撰写一份产品说明书"。这个培训项目目标的阐述就比"完成培训后受训人员能够撰写一份产品说明书"要好。

（3）评价指标。如果可能的话，一个培训项目目标应指出合格的作业水平。例如，"受训人员必须在产品说明书中介绍产品所有适应市场需要的商业特征，其中至少要说出 3 种用途"。

3. 编写培训项目目标的操作指南

（1）培训目标是文字、符号、图画或图表的组合，它指出了受训人员应该从培训中取得的成果。

（2）培训目标应该从以下 3 个方面来传达培训的意图。

① 受训人员在掌握了需要学习的东西后应该表现出什么样的行为。

② 受训人员学会的行为应该在哪些情况下表现出来。

③ 评价学习成果的标准是什么。

（3）在编写培训目标的时候，需要不断修改初稿，直到以下问题都有了明确答案。

① 企业希望受训人员能够做什么。

② 企业希望他们在哪些特定的情况下表现出这些行为。

③ 企业希望他们的作业水平达到什么标准。

（4）逐条写出企业期望受训人员取得的每一个培训成果，直到充分表达意图。

3.2.2 培训项目运营计划

培训项目运营计划，是指一个培训项目向正常目标前进所需要制订的有预见性的进程性计划。只有通过认真落实运营计划，培训项目才能达到预期效果。培训项目运营计划主要包括以下内容。

1. 运营方案的制订

不管是企业运营，还是项目运营，运营方案都是不可缺少的。企业需要制订的方案主要有战略性的方案和战术性的方案。

2. 计划的运营时间

根据培训项目运营计划的时间划分，可以分为近期计划、中期计划和长期计划。

① 近期计划：制订在 1 个月到 1 年之内的计划，以更好地观察培训项目运营的效果。

② 中期计划：1～3 年的计划。

③ 长期计划：一般是 3 年以上的计划，要根据公司的目标具体制订。

3.2.3 培训项目费用预算

培训项目作为企业应该贯彻的一项重要活动，应该考虑其投入成本与产出。以下是培训项目中可能产生的费用，如表 3-2 所示。

表 3-2　　　　　　　　　　　　　　培训项目中可能产生的费用

基 本 流 程	具 体 流 程	可能产生的费用
培训前期工作	培训需求调研	问卷设计、印刷、调查实施产生的费用（面谈、电话调查等）
	培训课程开发	课程开发费用
	培训提案	提案制作费、提案印刷费
培训准备	培训人员测试	学习风格测试费、管理风格测试费、性格倾向测试费
	场地、器材	场地租赁费、必要器材购买费用、易耗品购买费用
	教案与教材准备	讲义制作费用、视频教材费用
	其他	笔记本、记录笔、标记笔

续表

基 本 流 程	具 体 流 程	可能产生的费用
培训实施	培训师与助手费用	差旅住宿费用、讲课费用
	受训人员费用	交通费、住宿费
	其他必要开支	餐饮费、礼品费
培训后期工作	培训评估	后期培训效果追踪与工作指导产生的费用

培训项目费用预算的注意事项如下。

1. 明确所有的费用项目

培训项目的费用应明确费用项目、单项费用金额（是否含税）、费用支付方式、费用支付日期等。

2. 预留用于突发性事件应急处理的费用

（1）突发事件可能有很多，如因受训人员增加不得不增加的餐饮费，因无法在规定的时间内完成培训而不得不支付的额外场地租赁费等。

（2）企业制订计划时，培训师或培训经理需要考虑设立相关紧急联络人。紧急联络人通常是除了培训师与其助手之外的第三者，其主要是处理培训项目的应急性的事务。

3.2.4 培训项目课程开发

培训项目课程开发主要包括课程内容的呈现、课程的导入、课程脚本的设计、课程视频的开发、课程故事的开发和课程互动环节的设计 6 个环节。

1. 课程内容的呈现

课程内容的呈现要能充分调动受训人员的兴趣。进行课程内容的情节化和故事化设计是调动受训人员兴趣的有效做法，应用情景和情境设计是体现情节化和故事化的基础。以下是情景和情境的比较，如表 3-3 所示。

表 3-3　　　　　　　　　　　情景和情境的比较

项目	特征描述	培训应用特点	举例展示
情景	相对单一的情形，侧重静态展示，没有主体人物	较短的时间跨度，较小的活动空间，难度低，涉及要素较少，学习主体被动感受，以激发学习兴趣	自然风景、布景、环境展示，适用于某一节课或某个具体授课问题的展示
情境	多个单一情形的整合，侧重动态过程，具有主体人物	较大的时间跨度，较大的活动空间，难度高，涉及要素较多，学习主体主动体验，强调学习动机的激发	愤怒、失望等相互关联而存在的复合场景，适用于整体课程设计、单元课程的设计

2. 课程的导入

在开展课程培训过程中，基于对受训人员心理的把握，采用表 3-4 所示的 9 种内容导入方式可以显著改善培训效果。

表 3-4　　　　　　　　　　培训过程中的 9 种内容导入方式

导入方式	导 入 说 明
面临危机	"外部和内部的变化使我们必须做出改变"
恰逢机会	"这样一种新的观念可以突破性地提高工作效率，我们没有理由不去学习"
需要改变	"事实说明我们已经落后很多，如果不跟上，我们将自取灭亡"

续表

导入方式	导入说明
实现梦想	"谁不是为了梦想而奋斗？为了实现梦想，不论付出多少都是值得的"
困惑彷徨	"站在十字路口，不清楚往哪个方向迈步，这种情境谁都会遇到，关键在于我们需要借助什么做出正确的选择"
失望悲观	"真正的失望是想有选择却没有选择，从这个角度看，做一种错误的选择其实也是幸福的，因为至少还有选择"
兴奋自豪	"我们已经取得了骄人的业绩，回头望向落后者的身影，我们除了感到骄傲，更应当往前走得更远"
被迫抵触	"被动接受和执行会让人不快乐，但既然已经确定你不得不这样做，那就要尝试改变心情。何不趁此磨炼自己呢"
存在差距	"现在我们不强调明确的是非观，但是差距必然存在；存在差距不可怕，可怕的是自甘于差距的存在却不思变"

3．课程脚本的设计

课程脚本的设计是制作课件的重要环节，它被越来越多地应用于多媒体课程开发中。课程脚本类似于影视剧本，课程脚本包括 5 项内容，如表 3-5 所示。

表 3-5　　　　　　　　　　　　　课程脚本内容的构成

主 要 内 容	具 体 解 释
选择课程内容	课程要阐述的内容、课程结构布局、课程章节顺序等
设定人物形象	在概述中注明脚本出场人物，一般包括人物姓名、性别、身份、个性特征等；描述人物时，语言要简练
进行场景描述	描述场景特点和场景的具体呈现方式，如需特殊道具，也应当特别指出
撰写解说词	包括在画面上出现的文字和配音内容，配音内容即以音频形式出现的内容，如旁白、对白等
设计音响和配乐	包括背景音乐、导入音乐、切换音乐、按钮声音等

4．课程视频的开发

课程的视频内容主要是指可以通过视频播放软件播放的视频内容。企业可以通过 3 种方式组织视频内容。

（1）直接剪辑。来自电视剧和电影的部分内容的剪辑。

（2）直接引用。来自电视媒体和网络媒体的热点视频、新闻视频等的引用。

（3）自主研发。由企业自身进行情节设计并拍摄，借助视频编辑软件进行处理后作为课程的组成部分。

目前，常用的视频编辑软件有讯连科技公司的威力导演、友立公司的会声会影、索尼公司的 Vegas、Adobe 公司的 Premiere、品尼高公司的 Studio、微软公司的 Movie Maker 等。

5．课程故事的开发

故事是保证课程生动、富有吸引力的必备因素之一。无论是课程导入、课程内容，还是课程结束，都可以通过恰当的故事讲解达到强化记忆、强化效果的目的。开发故事的步骤如下。

（1）明确主题。主题是故事要表达的中心含义，是通过故事中的材料和表现形式表达的基本思想。只有具备明确的主题，才能编写出针对性强、符合需求的故事。

（2）寻找创意。创意是一种想法，是确保故事质量的关键。好的创意包括怎样开头、怎样结尾、怎样过渡、怎样设置悬念、怎样进行扩展、怎样提炼重点等要素。

（3）设定情节。情节是故事的具体内容。要编一个引人入胜的故事，最重要的是要有扣人心弦的故事情节。

（4）组织语言。语言组织能力是编写故事所需的最基本能力之一。由于故事是要面向受训人员的，因此故事语言要通俗流畅、富有吸引力。

6．课程互动环节的设计

课程互动环节设计的直接作用就是增强培训师与受训人员之间的交流和沟通，活跃课堂气氛，引发学习兴趣，改善培训效果。

为了适应课程传授方法多样化的需求和满足持续改善培训效果的要求，培训师在授课过程中强调将互动环节作为课程的重要组成部分，进而增加受训人员参与课程的机会，突出受训人员在培训过程中的主导性。例如，面授可以采用问题或课题的问答互动、情景模拟互动、小组讨论互动的方式。

3.2.5　培训项目师资选择

对于培训项目师资的选择，首先要明确培训师资应该具备的职业素质和技能要求，然后鉴别不同水平的培训师，从而选择最适于企业和受训人员特点的培训师资。

企业应大力提倡和促进内部优秀员工担任培训师，并制定切实可行的内部培训师选拔与培养制度，明确内部培训师的选拔对象、选拔流程、选拔标准、上岗认证、任职资格管理、培训与开发以及激励与约束机制等具体工作，使每项工作内容具体化、可操作化。在确定内部培训师候选人后，对这类培训师进行专业培训，使之依照优质水平的培训标准执行培训项目。

企业对于外部培训师的选择要严格依照申请、试讲、资格认证、评价、聘请的程序进行管控，使外部培训师的选择具有针对性、适用性和高效性。

3.2.6　培训项目运营评估

培训项目运营评估可以分为培训前评估、培训中评估及培训后评估。

1．培训前评估

培训前评估的重点是针对受训人员本人的能力水平和行为进行评估，主要包括评估受训人员能力与企业战略需求、岗位需求、他人认知之间的差距。

培训前评估的方法主要包括观察法、面谈法、案例测验法、资料分析法、实操测试法和问卷调查法等。

2．培训中评估

培训中评估是指在培训实施过程中进行的评估。培训中评估能够帮助培训管理人员控制培训实施的有效程度。

培训中评估的主要内容如图 3-4 所示。

3．培训后评估

培训后评估主要是用以衡量受训人员参与培训计划后的改变程度的评估。目的在于使企业管理人员能够明确培训项目选择的优劣，了解培训预期目标的实现程度，为后期培训计划、培训项目的制订与实施等提供有益的帮助。

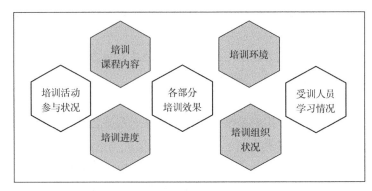

图 3-4　培训中评估的主要内容

培训后评估的内容主要包括培训目标的达成情况、培训相关人员的工作绩效以及培训的综合效果等。其评估方法有许多种，下文简要介绍其中 2 种。

（1）对于理论知识/文化等方面的培训课程，可以采取考试的方式对培训效果进行评估，受训人员对课程内容的理解深度直接可以从考试得分方面反映出来。

（2）对于操作型的培训，可以在现场让受训人员进行操作考试，其熟练程度可以反映受训人员的掌握程度。

3.2.7　培训项目总结汇报

培训项目总结汇报的撰写应力求客观、公正。其内容主要是对培训实施的目的和性质、培训项目实施过程、培训项目总结或评估的方法以及评估的结果等方面进行说明。以下是某公司关于团队培训项目的总结报告，如表 3-6 所示。

表 3-6　　　　　　　　　　某公司关于团队培训项目的总结报告

一、培训项目基本情况			
培训项目名称		受训人员	
培训师		培训机构	
主办单位		受训人数	
培训日期		培训地点	
培训项目实施背景	（略）		

二、出勤情况				
序号	参训部门	培训执行率	缺勤情况	
			无故缺席	请假
1	技术中心	100%	—	—
2	项目管理部	100%	—	—
3	技术研发部	100%	—	—
4	销售部	100%	—	—
参加人数	50	实际参加人数	50	出勤率　　　100%

续表

三、培训项目反馈结果综合分析

1. 本次培训共收回 46 份有效培训项目反馈表

2. 受训人员综合评分分布情况（略）

3. 本次培训的综合平均满意度为 92.26 分

四、反馈意见及分析回复

受训人员意见		分析回复
对培训组织评价	（1）内容较多，可设专题 （2）下午上课时间太长	回复（1）：此次培训旨在让大家学习较多的理论知识，培训组织仓促，在设计课程时没有把课程内容进行模块细化。 回复（2）：为了让大家掌握更多的知识和技能，下午的授课占用了较多时间，敬请谅解
对培训师评价	（1）培训师互动较少 （2）课程增加案例分析和讨论	回复：此次培训注重理论知识的传授，由于培训师的特色，没有较多地运用案例分析、讨论和互动环节

五、培训总结

（1）此次培训在各方面的共同努力下，顺利完成预期的培训目标

（2）培训结束后，通过测试，发现受训人员对培训内容的掌握比较到位

（3）培训结束后一个月内，部分受训人员的工作质量和业绩有所提高

附："受训人员培训成绩汇总表"和培训结束后"受训人员工作绩效考核明细"等

【微课堂】

1. 请说明培训项目预算费用的构成要素。

2. 除了本书中提到的几种方法外，还可采用哪些评估方法？

复习与思考

1. 培训计划编制的要点有哪些？

2. 培训计划编制的步骤是怎样的？

3. 编制培训计划时需要注意哪些问题？

4. 简述如何选择培训项目师资。

知识链接

混合式学习

混合式学习是指以多媒体技术和网络技术等信息和通信技术（Information Communication Technology，ICT）。它是信息技术与通信技术相融合而形成的一个新的概念和新的技术领域，作为学习的工具，混合式学习将面授教学和在线学习结合起来。

例如，一个培训项目既要员工学习 E-Learning 培训项目里面的课程，又要去上培训师指导的实时课程，并在课程上提供工作辅导。

混合式学习既要发挥培训师的主导作用，又要给学习者提供一个灵活、方便和个性化的学习环境。

技能实训

实训内容：编制培训费用预算表

假如你是某公司人力资源部门工作人员，为了对公司培训项目的费用做好预算和统计，人力资源部经理要求你做一个培训项目费用预算表，你有两周的时间完成任务。下面的预算表（见表3-7）已经给出了部分费用预算项目，请把其他的项目填写完整。

表 3-7　　　　　　　　　　　　培训项目费用预算表

培训项目名称		培训时间	
培训地点		培训机构	
受训人员		培训负责人	

序号	项目名称	预计成本（元）	备注
1	办公用品开支		
2	培训资料		
3	用餐、差旅费		
……	……	……	……
合　计			

培训课程的设计与开发 | 第4章

【本章知识导图】

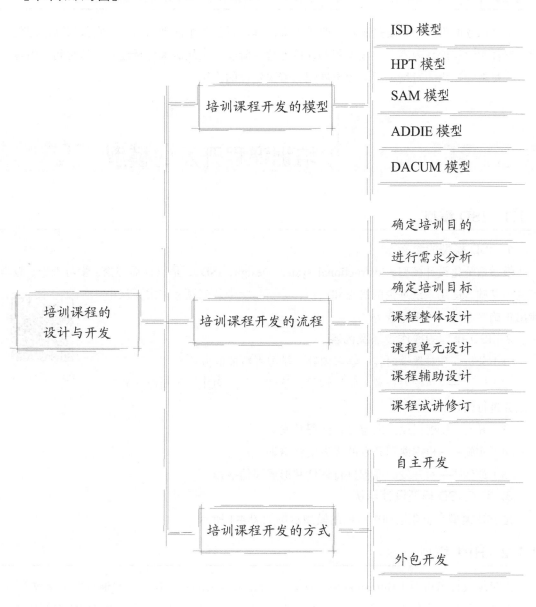

【学习目标】

职业知识	● 了解培训课程设计与开发的基本理论 ● 明确培训课程设计与开发的流程及方法
职业能力	● 掌握培训课程设计与开发的基础知识和方法，能够根据培训需求分析有针对性地进行培训课程的设计 ● 掌握培训课程设计与开发流程和工具，能独立完成培训课程的设计与开发工作
职业素质	具有专业的培训知识及课程研发能力，具备较强的创新能力、分析能力和沟通协调能力

　　培训课程的设计与开发是决定、改进培训课程体系的整个活动与过程，它包括确定课程目标、选择和组织课程内容、实施课程和评价课程等阶段。它从需求分析输入，从时间、内容、方法、材料等输出，对培训活动效果展现有着决定性的作用。

4.1 | 培训课程开发的模型

4.1.1　ISD 模型

　　1. ISD 模型的含义

　　教学系统化设计模型（Instructional System Design，ISD），是以传播理论、学习理论、教学理论为基础，运用系统理论的观点和知识，分析教学中的问题和需求并从中找出正确答案的一种理论和方法。

　　2. ISD 模型的操作步骤及内容

　　（1）分析——对教学内容、学习内容、学习者特征的分析。

　　（2）设计——对学习资源、学习情景、认知工具、自主学习策略、管理与服务进行设计。

ISD 模型简介

　　（3）开发——根据设计内容进行课程开发。

　　（4）实施——根据课程开发的成果实施培训。

　　（5）评估——对开发的课程进行评估并形成评估报告。

　　3. 企业 ISD 模型设计示例

　　是 ISD 模型在企业培训中应用的模型示例如图 4-1 所示。

4.1.2　HPT 模型

　　人员绩效技术模型（Human Performance Technology Model，HPT），是通过确定绩效差距，设计有效益和高效率的干预措施，以获得所期望的人员绩效。HPT 模型不再局限于对绩效因素的分类，而是致力于绩效差距的消除。

　　HPT 模型展现了绩效改进的整个流程，它以模块的形式将绩效改进的分析、设计、开发、实施和评价都加以规划，还用箭头指明了解决问题的脉络，使绩效人员在实施时更加有章可循。HPT 模型应用流程如图 4-2 所示。

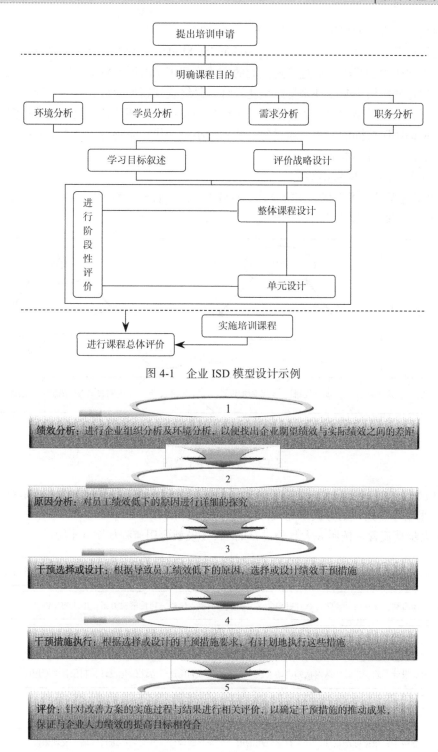

图 4-1 企业 ISD 模型设计示例

图 4-2 HPT 模型应用流程

4.1.3 SAM 模型

伴随着信息化社会的发展，知识的增长速度加快，各种教学设计模型大量涌现，这为课程开发人员提供了有力的理论支持。其中，SAM 模型在课程开发中引入了迭代的概念，受到大量企业培训课程开发人员的关注。

持续性接近开发模型（Successive Approximation Model，SAM），是一种将课程拆分成碎片化的部分，采取较少的步骤，通过快速试验的方式找到正确的课程解决方案并证实预期的设计效果，然后通过各阶段不断循环来持续优化设计，最终实现新型课程开发的一种技术。

同其他课程开发模型相比，SAM模型最为突出的特点是将评估环节放置在课程实施之前的设计阶段，借助团队协同的优势，通过每一步骤的小型迭代，完善每一个步骤的项目，最终开发出接近优选课程设计标准的课程。

1. SAM敏捷迭代模型示意图

SAM模型遵循具有可迭代、支持合作、有效率、便于管理的特征。它将课程开发设计分为3个阶段，8个步骤，7项小任务。该模型示意图如图4-3所示。

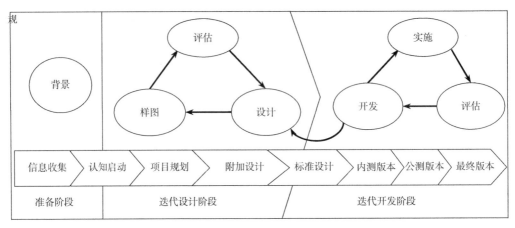

图4-3 SAM模型示意图

SAM模型分为两个部分：一是按照8大步骤依次对课程进行设计和开发；二是自认知启动阶段开始，采用小型迭代的方式来完成课程的开发工作。

（1）8大步骤流程。按照8大步骤进行的SAM模型应用流程如图4-4所示。

1. **信息收集**：收集项目背景信息，明白过去做过什么，现在有什么，弄清谁负责，目标对象是谁等内容

2. **认知启动**：成立启动团队，召开启动会议，通过评估背景信息，讨论解决方案，生成初步创意

3. **项目规划**：基于认知启动的结果，起草内容开发计划，讨论时间表，并对余下内容进行估计

4. **附加设计**：附加设计团队对认知启动会议中产生的创意利用迭代方法细化设计，制作各类专用样图

5. **标准设计**：根据设计阶段编制的标准，制作最终样图，若不合格返回设计阶段重新设计

6. **内测版本**：根据标准设计，开发教学应用的第一个完整版设计，并对版本进行评估，发现偏差

7. **公测版本**：在对内测版进行评估的基础上，对其进行改进，并进行公开评估

8. **最终版本**：在对公测版本评估的基础上进行改进，形成最终应用版

图4-4 SAM模型应用流程

（2）小型迭代流程。为了避免课程在实际运用到培训以后才发现设计偏差，SAM模型在认知启动阶段以后的每一个步骤的具体操作中都采用了快速迭代的方式进行课程的设计和开发。

快速迭代是指在进行某一步骤的课程设计与开发时，采用团队协作的方式，在预期的时间和预算内进行高效的评估、设计、开发、再评估，如此不断循环，直至产生最终产品的过程。一个基本迭代包括评估、设计、开发3个部分。完成快速迭代至少需要进行3次基本迭代。快速迭代的过程如图4-5所示。

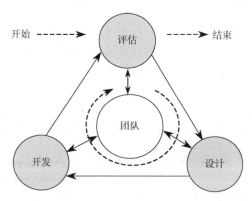

图4-5　快速迭代过程

2．SAM模型应用要点

（1）发挥团队协同的优势。从认知启动阶段开始，所有的设计与开发都是由团队协作产生的。虽然以往的模型也都是由团队开发的，但其团队成员一般只是课程开发的技术人员和授课老师，缺乏培训对象的及时反馈，以及其他参与者的互动，从而导致课程的设计和期望有所差距。在SAM模型中，主办方、受训人员、专家都被纳入到团队中，允许主办方提供企业需求、受训人员提出个人需求、专家对课程内容的前瞻性和专业性进行把握等。同时，项目组对整个团队进行全局把控，控制课程开发的总体节奏，以确保保质保量地完成课程开发任务。

在保证团队成员结构不变的情况下，团队具体成员可以根据需要进行替换，其目的是更好地解决各阶段出现的各种问题，具体如表4-1所示。

表4-1　　　　　　　　　　　　SAM模型开发各阶段成员需解决的问题

阶　　段	需解决的问题
准备阶段	培训资源不充足，课程目标把握不准确
设计阶段	课程内容是否专业、逻辑是否严谨、是否切合受训人员的需求
开发阶段	课程结构是否完整、科学，是否存在衔接不合理的地方

（2）运用迭代方式进行培训课程的设计与开发。SAM模型最大的特点就是快速迭代开发。在使用SAM模型进行课程开发时，每个阶段都要根据阶段要求进行迭代开发。

迭代的设计与开发还要避免对完美主义的偏执。迭代是为了更好地快速开发课程，而不是一味地追求最理想的方案。而且，完全符合理想的方案的出现往往带有很大的偶然性，因此偏执地追求最优方案的做法是与快速迭代的初衷相背离的。所以，根据SAM模型的要求，迭代应在可控的次数内依次进行，将过多时间停留在某一阶段是不可取的。如果想要产生最佳产品，企业可以在流程之外利用绩效数据和反馈再进行更多的迭代。

（3）正确使用评估。SAM模型将评估纳入设计环节，降低了开发出现失误的概率，有效控制了开发成本。最主要的一点就是，让受训人员加入课程设计环节中，参与设计的评估。

4.1.4　ADDIE模型

ADDIE模型是一套系统地发展教学的方法，是指从分析（Analysis）、设计（Design）、开发（Development）、实施（Implementation）到评估（Evaluate）的整个过程。培训课程开发人员利用此模型需掌握的知识领域很广，一般包括学习理论、传播理论、接口设计、应用软件、信息系统以及人力资源发展等。

ADDIE模型简介

ADDIE模型包含3个方面的内容，即要学什么（学习目标的制定）、如何学（学习策略的应用）、如何判断学习者已达到学习效果（学习考评实施）。ADDIE模型的实施流程如图4-6所示。

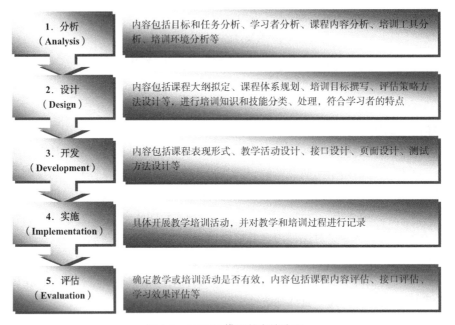

图4-6　ADDIE模型的实施流程

4.1.5　DACUM模型

DACUM是英语Developing A Curricul UM的缩写，汉语翻译为"课程开发"。它是能力本位教育培训模式（Competency Based Education and Training Model，CBET）中一种以委员会的形式进行职业任务分析，从而获得某项任务所应具备的各项技能的过程和方法。

DACUM是20世纪60年代末由加拿大皇家经济开发中心和美国通用学习公司合作开发的。该模型的精髓是从社会需要出发，通过与用人单位合作，以能力培养为中心来设计课程、实施课程与评价课程。

1. DACUM模型应用流程

DACUM模型应用流程如图4-7所示。

2. DACUM模型示意图

DACUM模型示意图如图4-8所示。

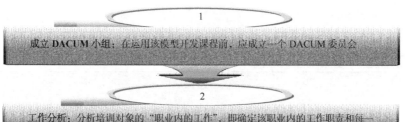

图 4-7　DACUM 模型应用流程

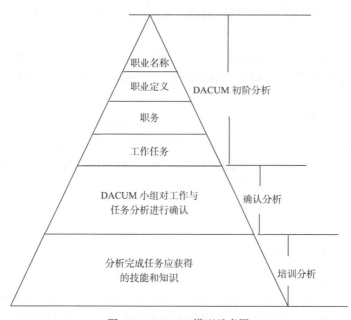

图 4-8　DACUM 模型示意图

【微课堂】

1. 试比较一下本节介绍的 5 种培训课程开发模型的优缺点。
2. 请你结合各模型的特点，说明各模型的区别和应用范围。

4.2 培训课程开发的流程

4.2.1 确定培训目的

进行课程开发的目的是说明员工为什么要进行培训，因为只有明确了培训课程的目的，才能确定课程的目标、范围、对象和内容。一般而言，企业培训的目的主要包括以下几个。

（1）优化人岗匹配。以岗择人、人岗相适是企业发挥员工积极性的重要途径。随着企业的发展，大部分员工都存在不同程度地达不到岗位要求的情况，企业需要通过培训使员工更好地胜任自己的本职工作，以在自己的岗位上发挥更大的作用。

（2）提高员工的能力水平和技术水平。企业的发展对员工的能力水平和技术水平提出了新的要求，只有通过培训才能使员工的能力水平和技术水平的提高与企业发展同步。

（3）提高员工的综合素质。员工的素质包括思想素质、知识素质、能力素质、心理素质等。员工的综合素质直接关系到企业的发展。通过企业培训提高员工的综合素质是企业培训的重要目的。

（4）有效沟通、团结合作。通过培训使得企业各部门和员工之间能够进行有效的交流以增进彼此间的了解，促进企业内部人际关系的和谐、工作团队的高效，以实现企业的发展目标。

4.2.2 进行需求分析

课程需求分析是课程设计者开展培训课程开发的第一步。进行课程需求分析的目的是以满足企业和成员的需要为出发点，从企业环境、个人和职务的各个层面上进行调查和分析，从而判断企业和个人是否存在需求以及存在哪些需求。

企业在进行课程需求分析时，可以采用以下 3 种方法，如图 4-9 所示。

确定课程需求的人员包括受训人员的部门经理、内部培训师、受训人员，而培训部门则负责组织确定课程的具体需求内容。

4.2.3 确定培训目标

培训目标是制订课程大纲的依据，它提供了学习的方向和要达到的标准。培训目标的表达可以使用 ABCD 法，即 Audience（培训对象）、Behavior（行为）、Condition（环境）、Degree（标准），也就是"在什么样的环境下、表现出什么样的行为、可以达到什么样的水平"。

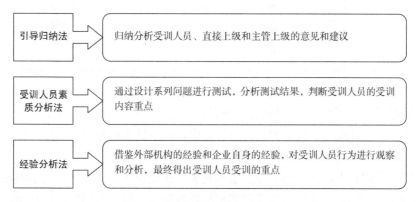

图 4-9　课程需求分析的 3 种方法

制定培训目标时要考虑课程类型、课程的具体内容、课时长度、受训人员的理解与操作能力。不同课程内容的培训目标描述如下。

（1）理论与知识类。主要是记忆、理解、简单应用、综合应用、创新应用等。

（2）技能类。主要是模仿、简单应用、熟练应用等。

（3）观念态度类。主要是转变、接受、行为转化、内化为价值观等。

在设计培训目标时，可将表 4-2 所示的指导表作为辅助工具。

表 4-2　　　　　　　　　　　　培训目标设计指导表

目　标	目标内容	操作说明
目标一	目标概述	
	动词描述	以动词开头
	绩　效	受训人员将知道什么或做什么
	标　准	绩效应该达到什么程度
	条　件	受训人员展开该行为时所需要的设备或其他资源
目标二	目标概述	
	动词描述	以动词开头
	绩　效	受训人员将知道什么或做什么
	标　准	绩效应该达到什么程度
	条　件	受训人员展开该行为时所需要的设备或其他资源

注：1. 在"目标"第一行中描述工作任务或课程内容，目标制定将以此作为基础。

　　2. 动词描述、绩效、标准和条件的组合形成一个完善的课程目标。

4.2.4　课程整体设计

课程整体设计是针对某一专题或某一类人的培训需求所开发的课程架构。对于培训课程的设计，课程结构是设计者首要考虑的因素。美国学者查德·斯旺森（Richard A.Swanson）等提出的 WPW（Whole-Part-Whole）学习模型，是以行为主义学习理论和认知主义学习理论为基础的系统化模型，在从课程设计到具体教学的整个过程中，都被广泛应用。基本的 WPW 模型如表 4-3 所示。

表4-3　　　　　　　　　　　　　　　基本的 WPW 模型

整体（Whole）	部分（Part）	学习活动阶段（Whole）
①	●	第一阶段
	●	第二阶段
	●	第三阶段
②	●	第四阶段

第一个整体主要是把新内容介绍给受训人员，使受训人员头脑中形成整体的内容结构框架，并有效地将所要学习的概念性内容吸收到他们的认知结构中。在以后的几个部分中，提高受训人员的认知能力和专业能力，使他们在每个部分中都能成功地达到相应的行为标准。培训师把这些部分联系起来，形成第二个整体。

第二个整体是课程设计的主要部分，主要是为了让受训人员完整掌握教学内容。第二个整体把每一部分结合起来，使受训人员不仅能更好地掌握每一部分的内容，而且通过"整体"使各部分有机联系起来，以增强受训人员对内容的完整理解。

只有从课程的整体出发，才能建立内容各部分之间的相互联系，才能保证教学的完整性。因此，培训师有必要通过形成教学的整体来回顾和强化课程内容培训的结果。

4.2.5　课程单元设计

课程单元设计是在完成课程大纲的基础上，具体确定每一单元的授课内容、授课方法和授课材料的过程。课程单元设计直接影响培训效果和受训人员对课程的评估等级。

在培训课程设计过程中，相对独立的课程单元不应在时间上被分割开。课程单元设计的具体内容如图4-10所示。

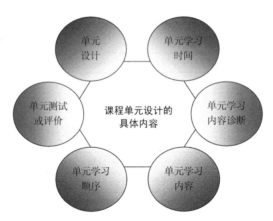

图 4-10　课程单元设计

企业在进行课程单元设计时，可以根据学习对象和学习需求的不同，设定核心单元、必修单元和选修单元；然后在开展学习时搭配不同的学习单元，形成适合学习对象和满足个性化学习需求的课程。

4.2.6　课程辅助设计

课程辅助设计，主要是指培训管理人员或培训师在培训中使用或在培训课程结束后发给受训人员的课程辅助工具设计，以帮助受训人员更好地记住和掌握所学的内容。

培训辅助工具主要包括黑（白板）、夹板、投影机、幻灯机、录像机、磁带、讲义、图片、产品说明书、操作手册、员工手册等。

1. 使用课程辅助设计工具的注意事项

（1）上课之前应精心准备培训辅助工具。

（2）选择最适当的时机使用这些辅助工具，以便取得较好的效果。

（3）按时间顺序排列培训辅助工具，必要时标注序号或页码。

（4）避免培训辅助工具干扰受训人员的注意力，用完之后应立即收起来。

（5）运用辅助工具的数量要有一个度，避免适得其反。

（6）培训讲义应留有空白，以便受训人员有空间做课程笔记。

（7）必须熟练操作投影机、幻灯片等辅助仪器，并确保其无故障。

2. 板书要领

培训师在使用黑（白板）时，板书内容要主次分明、板书整体布局合理、书写工整。并且最好不要边说边写，因为在培训师身后的人可能听不到他在说什么。

3. 视觉教具

视觉教具一般是指投影仪、电视、录像、幻灯机、悬挂式放映机等。在使用视觉教具时，应注意以下 8 个方面。

（1）不要过度使用视觉教具。

（2）一个视觉教具强调一个关键点。

（3）后使用视觉教具图形。

（4）注意颜色的搭配。

（5）多使用图表资料。

（6）图片或图表要使人容易看懂。

（7）制作好视觉资料。

（8）不使用不必要的视觉教具。

4.2.7 课程试讲修订

课程试讲修订的目的在于对所设计的课程内容进行实操性演练，以判断课程设计是否达到预计的培训目标，实现有效的培训效果。课程试讲修订实施的具体内容如表 4-4 所示。

表 4-4   课程试讲修订

实 施 事 项	事 项 说 明
采用形式	小规模内部试讲，按照正式授课的要求开展试讲和研讨
参加人员	内部培训师、受训人员代表、外聘课程专家、培训管理人员等
关注内容	授课风格是否恰当、授课逻辑是否严谨、课程模板是否适用、课程时间是否合理、课程内容选择是否合理等
研讨实施	课程试讲完毕后，由参加试讲的人员根据对试讲的感受提出改进意见，由试讲人员汇总意见后实施课程改进；在听取课程意见时，要有选择性地倾听受训人员的意见，并充分考虑企业对培训的要求
说明	若授课对象包含不同层级、不同部门的人员，可以针对不同的受训人员安排多次试讲

【微课堂】

1. 在建设培训课程体系的过程中应该注意哪些问题？
2. 培训课程开发需要哪些步骤？每一步骤的内容要点是什么？

4.3 培训课程开发的方式

自主开发与外包开发是企业进行培训课程开发的两种主要形式。其中，自主开发对培训人员的专业要求较高，不仅需要他们拥有多年培训管理经验，同时需要他们掌握理论知识和拥有实践经验。外包开发因为选择合作方进行课程开发，所以培训部门主要是负责项目管理及过程监控工作。

4.3.1 自主开发

在自主开发课程的模式下，企业的培训部门如何就关键点进行把控，对于课程开发项目成果及培训效果起着至关重要的作用。

1. 培训需求调研

企业在准备培训课程开发之初，必须对培训对象进行有针对性的培训需求调研。通过需求调研，可主要分析得出以下3个方面的内容。

（1）企业年度战略需求、部门需求。

（2）企业年度人力资源建设需求。

（3）员工与岗位要求的差距。

培训需求调研的方法有问卷调查、个人访谈、集体座谈、实际观察等，在此不做叙述。

培训部相关负责人在拿到调研结果之后就要对调研内容进行去粗取精、去伪存真的分析，整理出关键的问题点，考虑哪些是培训可以解决的问题，哪些不是，然后结合企业资源情况有针对性地制订课程开发的方案。

2. 制订课程开发计划

根据选定课程的类型，提出课程开发立项申请，填写"课程开发立项申请表"（见表4-5）。

表 4-5　　　　　　　　　　　　　　课程开发立项申请表

课程名称		课程开发部门	
受训人员		受训人员所在部门	
课程开发必要性分析与可行性分析：			

课程名称		课程开发部门	
受训人员		受训人员所在部门	

课程开发难度分析：

课程开发目的与预期效果：

待立项申请通过后，课程开发团队开始制订课程开发计划，如表 4-6 所示。

表 4-6　　　　　　　　　　　　课程开发计划

课程开发成员	项目角色		姓名	
课程开发计划	课程开发阶段	阶段成果	计划完成时间	备注
	需求调研、访谈			
	确定开发任务书			
	课程开发			
	编写相关文件			
	培训试讲			
	课程定版			

3. 培训分析

培训部相关负责人在根据具体课程，与项目组人员就具体细节进行分析，形成课程开发任务书（见表 4-7），其中包括课程名称、培训对象、授课时长、培训目标等，并根据对培训对象的分析形成初步的培训内容及主要培训方法。

表 4-7　　　　　　　　　　　　课程开发任务书

填写人		填写时间	

一、课程名称：

二、受训人员：

三、授课时长（单位：小时）

四、培训目标

五、培训主要内容及培训方法

六、考试方式要求

4. 课程内容设计

课程内容的选择是设计课程的重要问题，由于一门培训课程不可能涉及所有问题，因而培训部相关负责人在选择培训课程内容时，应坚持"缺少什么培训什么，需要什么培训什么"的原则。在选择课程内容时，应满足以下 2 个原则。

（1）有效性原则：既满足受训人员需求，又反映培训的需求。

（2）价值性原则：与企业的生产经营活动相结合。

选定了课程内容后，还需对内容进行合理编排。在编排课程内容前，培训部相关人员应明确区分哪些内容是受训人员必须知道的信息，哪些内容适合于实践活动，哪些内容需进行详细解释，哪些内容应先介绍等。

课程内容的编排主要根据受训人员的学习特点，遵循相应原则，需遵循的原则具体如图 4-11 所示。

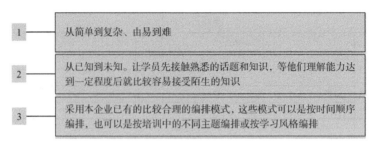

1	从简单到复杂、由易到难
2	从已知到未知。让学员先接触熟悉的话题和知识，等他们理解能力达到一定程度后就比较容易接受陌生的知识
3	采用本企业已有的比较合理的编排模式，这些模式可以是按时间顺序编排，也可以是按培训中的不同主题编排或按学习风格编排

图 4-11　课程内容编排需遵循的原则

5．课程试讲及评估

为了做好培训的充分准备，在培训课程设计完成后，需要对培训活动按照设计进行一次全面的演练与实验。试讲中不仅包括培训内容、活动和教学方法，还包括培训的后勤保障等方面的工作，可以说课程试讲是对前一阶段工作的一次全面检查。

在试讲阶段，可以邀请企业领导、受训人员代表、有关专家等作为听众；在试讲结束后，通过头脑风暴法、问卷调查法等向各位听众收集意见或建议。表 4-8 所示是课程试讲反馈调查表。

表 4-8　　　　　　　　　　　　　　课程试讲反馈调查表

根据课程试讲情况，请您对下列问题进行满意度评分：5 分代表"非常符合"，4 分代表"符合"，3 分代表"一般"，2 分代表"不符合"，1 分代表"非常不符合"，请用"√"勾出你的评分

序号	问　题	评　分				
		1分	2分	3分	4分	5分
1	本课程对于训练……（工作现场操作能力、团队精神等）的价值大吗					
2	您对本课程的组织满意吗					
3	你认为课程目标明确吗					
4	您认为课程中的案例研究、举例、练习题等切实有效吗					
5	您认为受训人员手中的课程教材在培训期间用途大吗					
6	你认为课程符合您的实际情况吗					
7	您认为培训师在课程内容方面的知识水平够吗					
8	您认为培训师与受训人员在培训中的互动效果好吗					
……	……	……	……	……	……	……

6．课程修订

培训部相关负责人在课程试讲结束后，甚至在培训项目开展后，要及时检查课程目标，根据受训人员、企业领导及相关专家的反馈意见对课程进行修订。

课程修订包括对课程内容的修订、对课程培训风格的修订。

（1）对课程内容的修订。在修订课程内容时，有时需要对一小部分课程内容做出调整，有时则需要对整个培训课程进行重新设计，即课程内容的调整应视存在的问题而定。

（2）对课程培训风格的修订。培训师的培训风格对于培训效果有很大影响。有些培训师在培训中会表现出"激情四溢，掌控全场"的培训风格，有些培训师会表现出"和风细雨，循循善诱"的培训风格，如果受训人员反馈的信息显示培训风格与实际培训需求不符，培训师应立刻调整自己的培训风格。

4.3.2 外包开发

外包开发是在企业内部培训工作人员缺乏自主开发课程的能力，需要借助外部力量的情况下，将培训课程的开发与设计工作交给专业性的人力资源服务公司来完成的一种形式。从某种程度上来讲，外包开发能以更低的费用、更好的管理、更佳的成本效益进行培训活动与课程开发，并且责任更清晰。

培训课程外包开发的流程如下。

1. 做出培训课程开发外包决定

在做课程开发之前，应当首先进行企业的培训需求分析，然后根据内部现有培训工作人员的能力以及特定培训计划的成本，综合考查之后再决定是否需要外包。

2. 培训外包内容分析

在做出课程外包开发决策之后，应当起草一份外包项目计划书。此项目计划书中应具体说明所需培训课程的类型、参加培训的员工以及其他有关培训的一些特殊说明。项目计划书起草应征求多方意见，争取切合企业培训的要求。

3. 明确培训服务机构的选择标准

企业在选择培训服务机构时，应结合实际情况进行筛选，制订科学、系统的选择标准。培训服务机构的选择标准如图 4-12 所示。

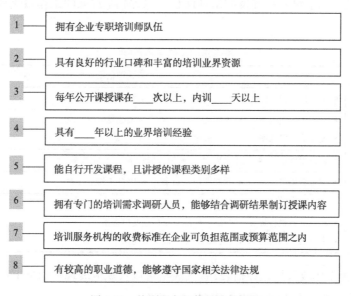

图 4-12　培训服务机构的选择标准

4．培训服务机构的选择流程

制订完善的培训服务机构的选择流程有助于企业在选择高质量的培训服务之后提高培训效果，保证企业培训目标的实现。培训服务机构的选择流程如下。

（1）收集培训服务机构信息。人力资源部门应收集各培训服务机构的资料。信息收集的对象主要为管理咨询公司、培训公司等；信息收集的渠道主要包括他人推荐、网络、专业杂志、期刊、报纸等；信息收集的内容主要包括培训服务机构的简介、业界口碑、培训课程种类、培训师、收费标准、以往客户评价等。

（2）与培训服务机构初步沟通。人力资源部门对收集到的培训服务机构的信息进行初步筛选后，结合外包项目计划书，向符合要求的培训服务机构发出询价函，并要求培训服务机构提供培训课程开发方案。对于大型的培训项目，企业可采用招标的形式进行选择。

（3）确定候选培训服务机构。人力资源部门对有合作意向的培训服务机构进行资格评审，依照事先制定的评选标准对培训服务机构进行评估，并确定几家培训服务机构。

（4）评估并确定培训服务机构。人力资源部门成立评估小组，对培训服务机构的综合能力进行评估，评估的主要内容包括培训机构的规模、企业文化、师资能力、服务能力等。

5．外包培训课程质量评估

评估外包培训课程的质量目的是了解培训课程内容是否与企业和员工的需求相匹配，是否达到了课程目标和培训效果。人力资源部门应按照外包合同中约定好的考核方法和标准进行考核。如果课程质量未达到培训需求，企业有权要求服务商及时改进并提交新的课程方案，如果改进之后仍不能与需求相匹配，那么在保障双方利益的前提下，另作协商。

一般对外包课程进行评估的方法主要有两种：工作改善量化评估法和问卷调查评估法。人力资源部门应结合这两种方法的得分值对外包课程进行量化评估。

（1）工作改善量化评估法。工作改善量化评估法是指参训员工通过对培训前和培训后的工作情况进行量化分析，对外部开发的培训课程予以评估。常见的工作量化评估指标如表4-9所示。

表4-9　　　　　　　　　　　　　工作量化评估指标示例

岗　　位	工作量化评估指标
行政人员	• 工作计划完成情况　• 员工满意度　• 上级领导满意度
生产人员	• 生产计划完成率　• 按期交货率　• 安全事故发生率 • 安全成本降低率　• 工作效率
销售人员	• 客户投诉率　• 任务完成率　• 销售增长率　• 回款率
财务人员	• 财务费用降低率　• 预算费用控制率　• 财务工作准确率
管理人员	• 战略规划方案编制及时率　• 战略规划方案通过率 • 行业分析报告提交及时性　• 战略项目进度控制率 • 业务流程改善计划按时完成率　• 被采纳建议率

表4-10所示为工作改善量化评估表，这一表格可以直观地展现参训员工在培训后的工作改善情况，为培训课程的评估和改善提供依据。

表 4-10 工作改善量化评估表

评估对象		评估课程	
评估人员		评估人员所在岗位	
评估项目	量化指标	培训前数据	培训后数据
外包课程内容整体评价	□非常满意　　□较为满意　　□满意　　□不满意		
审核人意见			
	签名：　　　　　　　　　　　　　　　　日期：___年___月___日		

（2）问卷调查评估法。问卷调查评估法指的是人力资源部门通过问卷调查的方式，对培训课程的内容和实用性等进行评估，问卷调查评估表如表 4-11 所示。

表 4-11 问卷调查评估表

评估项目	评估结果				
	很满意（10 分）	满意（8 分）	一般（6 分）	不满意（4 分）	很不满意（2 分）
培训主题的符合度					
培训内容的系统性					
培训内容的充实性					
培训内容的逻辑性					
培训内容的针对性					
培训内容的适用性					
培训内容的实用性					
理论学习和实践操作的课时比例					
培训目标的符合度					

外包培训课程评估结果的计算方式为：

外包课程综合得分=工作改善量化评估表得分×40%+外包培训课程评估表得分×60%

评估结果的得分在 91 ~ 100 分的，为"优秀"；得分在 71 ~ 90 分的，为"良好"；得分在 70 分以下的，为"较差"。

工作改善量化评估表得分统计如表 4-12 所示。

表 4-12 工作改善量化评估表得分统计

计算项目		得　分	计算项目		得　分
外包课程内容整体评价	非常满意		培训后数据与培训前数据对比	增长≥50%	
	较为满意			增长≥30%	
	满意			增长≥20%	
	不满意			增长≥10%	

【微课堂】

　　培训课程设计与开发在企业整个培训过程中起着承上启下的作用，它既是对培训目标的贯彻执行，也是为具体培训过程的组织做准备。培训课程设计与开发的优劣直接决定着培训的成败。企业在开发培训课程时，虽然有多种方式可以选择，但每种方式各有利弊。请你谈谈企业应该如何运用这些开发方式，才能使其发挥应有的作用。

复习与思考

1．如何建设培训体系课程库？
2．进行培训课程开发时需要注意哪些问题？
3．简述培训课程外包开发的流程。
4．培训课程开发在选择外包的方式时，可以从哪些方面来挑选培训服务机构？

知识链接

　　随着移动互联网时代的到来，职业人士的学习需求也变得更加时效化和碎片化。"微学习""微课"应运而生，成为众多培训从业者追捧的形式。企业在设计开发"微课"时，为了保证"微课"的质量和培训效果，可以从以下3个方面入手。

　　1．开篇要新颖

　　微课开篇非常重要，新颖的开篇能够迅速吸引目标受训人员的注意力。市面上有些微课制作软件各具特色，都可以制作出高质量的微课片头。

　　2．内容要精准

　　一节微课一般讲授一个知识点，时间尽量控制在5分钟以内；主要围绕工作中的痛点及难点，为目标受训人员解疑答难，满足受训人员学习的需求。

　　3．结尾要精要

　　微课小结的质量关系到微课能否给受训人员留下深刻印象，进而影响微课的学习效果。因此，微课要通过小结加深目标受训人员学习的印象，起到画龙点睛的作用。

技能实训

实训内容：设计一份"新员工入职培训"的课程大纲

某公司是一家电子产品制造厂，公司在 2018 年年初招聘了一批应届毕业生。为了使新员工尽快融入工作环境，请你设计一份新员工入职培训的课程大纲，如表 4-13 所示。

表 4-13　　　　　　　　　　　　　　新员工入职培训的课程大纲

培训内容	内容说明
企业概况	企业发展历程
	企业文化、组织结构、部门设置等
	……
岗位技能培训	工作的要领与技巧
	……
职业素养	沟通与协作
	……

第5章 | 培训类型与方法的选择

【本章知识导图】

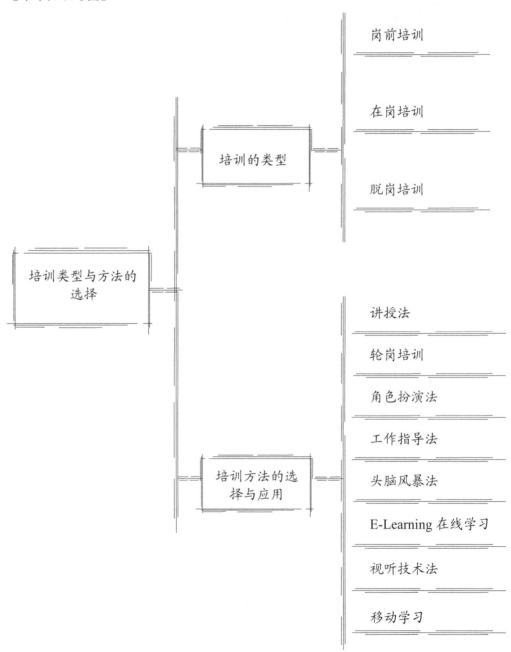

- 培训类型与方法的选择
  - 培训的类型
    - 岗前培训
    - 在岗培训
    - 脱岗培训
  - 培训方法的选择与应用
    - 讲授法
    - 轮岗培训
    - 角色扮演法
    - 工作指导法
    - 头脑风暴法
    - E-Learning 在线学习
    - 视听技术法
    - 移动学习

【学习目标】

职业知识	• 了解员工培训的类型 • 明确各类培训方法的特点及选择标准
职业能力	能够通过对员工培训需求的分析，选择合适的培训方法对员工进行培训
职业素质	熟悉培训方法及技术、具备较强的分析能力和信息收集与处理能力

企业应该采取哪种方式开展培训，应该运用哪种方法组织培训，应该以何种技术支持培训，这些一直是困扰培训管理人员的难题。本章从多角度对这 3 个问题进行详细分析。

5.1 培训的类型

为了使培训取得良好的效果，需要对培训对象进行分类。培训可分为岗前培训、在岗培训和脱岗培训 3 种主要类型。

5.1.1 岗前培训

岗前培训（Pre-post Training）是指在新员工正式上岗前进行的培训，培训内容涉及企业规章制度、企业文化、企业环境、岗位职责、岗位技术、工作流程、考核标准等。岗前培训的目的是使新员工尽快熟悉环境和工作，快速进入工作状态。

针对新调岗的员工，应侧重进行与岗位相关的技术、流程、注意事项等方面的培训。

1. 岗前培训的内容

岗前培训的内容需根据企业的实际需求来设计，主要包括企业历史、企业使命和远景规划、企业业务、岗位工作介绍和业务知识、企业的自然环境、组织机构、经营方式、员工组成和工作流程、经营哲学等。

2. 新员工培训课程体系设计

根据员工岗前培训的内容划分，新员工培训主要包括新进员工的培训和新进且有工作经验员工的培训。下面以新进员工为例，其培训课程体系如表 5-1 所示。

表 5-1 新进员工培训课程体系

课程模块	课程名称	
入职培训	企业概况介绍	企业经营之道
	企业各项规章制度介绍	企业发展历程
	企业创始人及 Logo 介绍	企业大事记
岗位认知	培训部岗位职责与工作流程	部门内部及跨部门的沟通规范
职业素养	从学生到职业人士	如何塑造良好的职业心态
	职场新人的社交礼仪	提高团队合作意识
	有效沟通技巧	提高时间管理技能
基本技能	如何完成工作	Word 应用技巧
	PPT 入门与提高	Excel 入门与提高
	如何脱颖而出	如何处理办公文件
自我发展	职业生涯发展规划	持续学习的方法与技巧
	如何提高变革管理能力	如何提高自己的抗压能力

3. 岗前培训的作用

（1）对员工而言，岗前培训能帮助员工了解企业的价值观和发展目标，使员工更快、更融洽地融入企业；帮助员工尽快掌握本职工作所需的方法和程序，减少犯错的概率。

（2）对企业而言。企业可以通过岗前培训更好地识别人才，将适当的人才放在合适的岗位上；有利于加深员工对工作和企业的好感，降低员工流失率。

5.1.2 在岗培训

在岗培训（On the Job Training，OJT）也称在职培训，是指员工不脱离岗位，利用业余时间和部分工作时间参加的培训。培训形式主要有工作辅导、企业内训、内部会议等。在岗培训主要是结合工作现场的业务开展，通过上级或优秀员工的培训、指导及员工的自我学习，不断提高员工工作胜任力的一种培训方式。在岗培训内容大多与岗位密切相关，如关于工作知识、技能、态度、操作流程、工作标准、注意事项等。

1. 在岗培训的特点及影响因素

（1）特点。在岗培训具有不耽误工作时间、节约培训费用、容易建立上级与员工之间的沟通渠道、加强部门之间的了解与协作等优点。

（2）影响因素。在岗培训效果的好坏取决于培训项目是否具有切实可行的培训计划、经验丰富且合适的培训师、合适的培训内容与培训方法，以及及时的效果跟进等。

2. 在岗培训的实施步骤

具体的在岗培训的实施步骤，如图 5-1 所示。

图 5-1 在岗培训的实施步骤

3. 在岗培训实施计划表

在岗培训可以分为集体培训和一对一培训两种。下面介绍某公司销售人员在岗培训实施计划表，如表 5-2 和表 5-3 所示。

表 5-2　　　　　　　　　某公司销售人员在岗培训实施计划表（一）

实施日期	__年_月_日 ~ __年_月_日			
培训方式	培训内容	培训师	培训日期	跟进人员
集体培训	激发客户需求的面谈技术	销售总监	_年_月_日	培训专员××
	电话沟通技巧	外聘培训师	_年_月_日	
	销售人员礼仪	外聘培训师	_年_月_日	

表 5-3   某公司销售人员在岗培训实施计划表（二）

实施日期	__年___月___日 ~ __年___月___日				
培训方式	受训人员	培训师	跟进人员	培训内容	培训时间
一对一培训	××	××	××	销售技巧 订单谈判技巧 价格谈判技巧	每项课程累计培训时间不得少于_小时，具体时间由培训双方协商安排

4. 做好培训计划实施控制

在岗培训计划实施控制包括时间调整、需求纠正、预算内增减培训项目等。

（1）时间调整。时间调整是指因培训师临时有事需要对培训时间进行的调整，或企业内部培训计划整体进行的时间调整。不管什么原因引起的时间调整，相关负责人必须填写"时间调整表"，提交培训总监进行审核。培训时间调整表如表 5-4 所示。

表 5-4   培训时间调整表

培训内容		
原计划时间	调整时间	
时间调整原因	部门负责人签字： 日期：年 月 日	
培训部门意见	培训总监签字： 日期： 年 月 日	

（2）需求纠正。

① 培训需求纠正的重点。尽管企业已经形成培训需求分析的结果，确定了谁需要培训、接受什么方面的培训，培训的次数、时间等问题，但是在培训实施过程中还是会出现偏差，主要原因是没有进行纠正控制。培训需求纠正关注的重点体现在 3 个方面，如图 5-2 所示。

图 5-2　培训需求纠正关注的 3 个方面

② 产生培训需求偏差的原因。企业进行需求纠正之前应了解产生培训需求偏差的原因，以便对症下药。产生培训需求偏差的原因主要包括 4 个，如图 5-3 所示。

③ 培训需求纠正表。培训需求纠正表是进行培训需求纠正的工具。如果培训实施过程中企业发现原定的培训需求存在偏差，就要及时采取措施，不要等到培训实施结束后再采取措施。"培训需求纠正表"如表 5-5 所示。

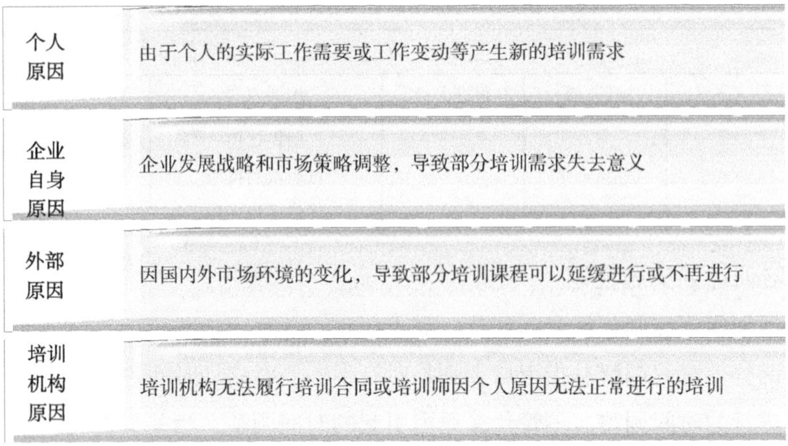

个人原因	由于个人的实际工作需要或工作变动等产生新的培训需求
企业自身原因	企业发展战略和市场策略调整，导致部分培训需求失去意义
外部原因	因国内外市场环境的变化，导致部分培训课程可以延缓进行或不再进行
培训机构原因	培训机构无法履行培训合同或培训师因个人原因无法正常进行的培训

图 5-3　产生培训需求偏差的原因

表 5-5　　　　　　　　　　　　培训需求纠正表

原定的培训需求	
目前的实际情况	
采取的纠正措施	
培训对象	签字： 日期：　年　月　日
培训部门	签字： 日期：　年　月　日

（3）预算内增减培训项目。预算内增减培训项目必须经过严格的审核审批程序，说明培训项目变更的原因。各部门负责人在预算内增减培训项目时，应填写"培训计划变更（增减）项目报告单"，如表 5-6 所示，提交给培训部经理审核，并由培训总监审批。

表 5-6　　　　　　　　　　培训计划变更（增减）项目报告单

培训项目		变更类型	□增加培训项目	□减少培训项目
培训项目变更原因				部门负责人签字： 日期：　年　月　日
培训部门意见				培训总监签字： 日期：　年　月　日

5.1.3　脱岗培训

脱岗培训（Off the Job Training，OFF-JT），又称脱产培训、脱产教育培训。相对在岗培训而言，它是指员工离开工作和工作现场，由企业内外的专家和培训师对企业内的各类人员进行集中教育培训。脱岗培训可分为不同的种类，具体如表 5-7 所示。

表 5-7　　　　　　　　　　　　　　脱岗培训的类别

划分标准	划分种类		
按是否和工作有联系划分	全脱产培训		半脱产培训
按培训地点划分	公司内部培训		外派培训
按培训师来源划分	内部培训师培训		外部培训师培训
按培训时长划分	临时脱产培训	短期脱产培训	长期脱产培训
按培训人员数量划分	团队脱产培训		个别人员脱产培训

1. 脱岗培训的动因

（1）为满足当前工作的需要。员工当前的能力已经不能胜任该岗位，如不改进或提高会严重影响工作进程，而在岗培训已不能满足当前的培训需要，因此需要进行脱岗培训。

（2）为满足今后工作的需要。员工虽然当前的能力可满足岗位要求，但是为了更好地适应今后发展的需要和提高自身的能力，员工需要进行脱岗培训。

2. 脱岗培训的特点

脱岗培训的特点，主要有以下 5 个。

（1）受训人数。受训人数较多，覆盖面较广。

（2）培训产生方式。由企业或部门统一决策、安排。

（3）受训时间。时间相对较长，会占用较多的工作时间。

（4）培训内容。涉及知识、技能、业务、态度等方面。

（5）培训费用。接受专业的培训，培训费用较多。

3. 脱岗培训的工作流程

脱岗培训的工作流程，具体如图 5-4 所示。

图 5-4　脱岗培训的工作流程

4. 签订脱岗培训协议

相比其他培训方式，脱岗培训需要花费更多的时间和成本。为了防止受训人员的流失，确保企业和员工双方的利益，企业人力资源部门在培训实施前应安排员工与企业签订《培训协议》，协议中应明确规定培训期间的费用负担和培训后的相关事宜。下面是某公司员工脱岗培训协议，供读者参考。

文本名称	培训协议	编号	
文件编号： 甲方（企业）：××××××××× 乙方（参训员工）：××××××× 经乙方本人申请，甲方审核同意，由甲方出资，选派乙方到×××××××（本市、非本市）参加×××××××××培训，自××××年××月××日始，至××××年××月××日止，学习期限一共为＿＿天。			

培训性质为：□脱产学习□半脱产学习□非学历培训□学历培训

甲乙双方协商一致、平等自愿签订本协议，内容如下。

一、培训缴费类型（两项只选其一）

1. 培训费由乙方先行支付，培训结束后按甲方的《培训管理制度》和本协议约定，凭相关证书或证件及发票按比例报销培训费，乙方应按约定为甲方服务满规定期限。

2. 培训费由甲方统一支付，培训结束后，按甲方的《培训管理制度》和本协议约定，乙方应为甲方服务满规定期限。

二、培训期间的工作安排、工资及福利待遇按《培训管理制度》相关规定执行。

三、乙方在培训学习期间，应严格保守企业机密、遵纪守法、虚心学习先进经验和技术，圆满完成培训学习任务。

四、乙方在培训学习期间，除应遵守培训单位的各项规章制度外，还应遵守甲方的所有规定。

五、由乙方先行支付培训费用的，培训期间无论因何原因致使双方解除劳动合同，甲方不再有报销乙方学成之后培训费用的义务。

六、乙方培训学习结束返回工作岗位后两周内，需向甲方人力资源部门提交一份培训报告，作为企业内部培训材料；乙方还有义务对本部门相关岗位的其他员工进行培训。

七、乙方完成学业后

1. 应取得××××××××××××证书。

2. 若乙方未能取得证书，由乙方先行支付费用的，甲方不予报销；由甲方统一支付费用的，甲方则有权从乙方工资中扣除。乙方所占工作时间按《培训管理制度》的相关规定执行。

八、服务期限约定

1. 由甲方统一支付非学历培训费用的，乙方应为甲方服务满××月，自××××年××月××日至××××年××月××日。

2. 乙方完成学历培训后由甲方报销培训费用的，按学位证书记录的取得学位之日起计算应为甲方服务的年限。按《培训管理制度》约定，乙方应为甲方服务满××年，自××××年××月××日至××××年××月××日。

九、培训费报销、费用递减约定

1. 非学历培训

由甲方统一支付培训费用的，培训费用按服务期限月数分摊，服务期限每满1个月递减1个月费用。

2. 学历培训

（1）乙方完成学业后凭××××××××××学位证书、毕业论文、学费发票及本协议到甲方人力资源部门备案后，甲方一次性为乙方报销学费。

（2）报销比例为学费的□60%　　□80%　　□××%

（3）报销金额×××××元，大写×××××××××圆。

（4）服务期限满第一年递减所报学费的××%；服务期限满第二年递减所报学费的××%；服务期限满三年递减所报学费的××%。

3. 其他需要双方约定的相关事项。

十、违约责任

甲方为乙方支付或报销培训费用后，无论因何原因乙方未能为甲方工作达到本协议约定期限的，按下列标准执行：

1. 因乙方原因提出提前解除劳动合同的，从乙方离职之日起，计算乙方未满服务期应支付的违约金；

2. 因违反甲方管理规章制度被辞退、除名或开除的，或在合同期内擅自离职的，除应支付未满期限的违约金额为补偿外，并应赔偿未满服务期给甲方造成的经济损失，每月×××元；

3. 除上述2条原因外，因其他原因使员工未能为甲方工作达到约定期限而提前与甲方解除合同者，从解除劳动合同之日起，计算乙方未满服务期应支付的违约金。

注："培训费用"指报销凭证所列"培训、学费"的相关金额。

十一、本协议为劳动合同的附件；本协议未尽事宜，双方应友好协商解决，若不能达成共识，可报×××市劳动仲裁委员会申请仲裁。

本协议自双方签字之日起生效，本协议一式两份，甲乙双方各持一份，具同等法律效力。

甲方：　　　　　　　　　　　　　　　　　　乙方：

签章：　　　　　　　　　　　　　　　　　　签章：

时间：　　年　月　日　　　　　　　　　　　时间：　　年　月　日

【微课堂】

> 某企业销售部目前招聘了数名新员工，并准备对新员工进行岗前培训。请问，企业在对销售人员进行岗前培训时应注意哪些方面的问题？

5.2 培训方法的选择与应用

培训方法因培训内容、培训对象不同而不同，总体来说，培训部人员进行培训常用的方式有讲授法、轮岗培训、角色扮演法、工作指导法、头脑风暴法、E-learning 在线学习、视听技术法、移动学习 8 种，本节分别对这些培训方式的应用加以说明。

培训方法选择的
考虑因素

5.2.1 讲授法

讲授法是使用最为普遍的培训方法，被大多数企业采用。它效率较高，且大多数企业都拥有适合采用讲授法的教室。讲授法适用范围较广，如对培训部门相关人员的基础知识培训、企业文化制度培训等。

1. 讲授法优缺点分析

讲授法主要的优点、缺点如表 5-8 所示。

表 5-8 讲授法的优点、缺点

优　点	缺　点
（1）知识针对性强	（1）培训对象数量受限
（2）讲授方式可灵活选择	（2）互动效果有待提高

2. 讲授法分类

讲授法可分为 4 类，如图 5-5 所示。

3. 讲授法实施应注意的问题

在实施讲授法时，应注意两方面问题，如图 5-6 所示。

4. 讲授法实施技巧

培训师在使用讲授法时，需掌握一些技巧，下文列举了其中 3 个。

（1）授课内容应提纲挈领，不要拖沓冗长，以便受训人员接受和理解。

（2）熟练使用培训课程讲授工具，有助于提高培训效果。

（3）在讲授过程中，培训师要注意观察受训人员的反应，并据此做出有效的应对措施。

5.2.2 轮岗培训

在采用轮岗培训这一方式时，需把控好以下关键事项。

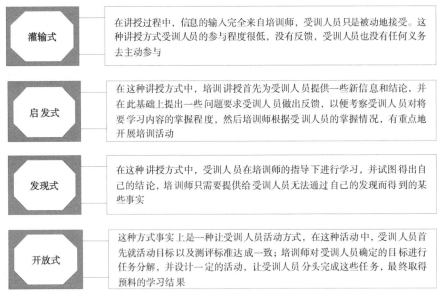

图 5-5 讲授法的分类

图 5-6 讲授法实施应注意的问题

1. 明确轮岗目标

在执行轮换岗位这项工作之前，首先应该确立一个目标，即通过轮换岗位，能够达到什么样的目的，完成什么样的目标。轮岗目标可从 3 个方面体现出来，具体如图 5-7 所示。

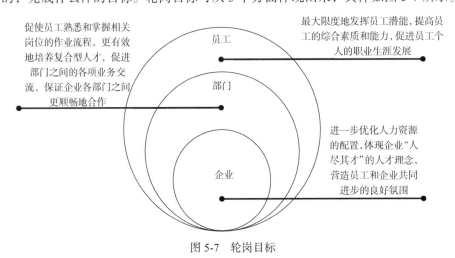

图 5-7 轮岗目标

2. 确定轮岗范围

企业中并不是所有的岗位都适合轮岗。所以，应该按照一些标准去选择轮岗岗位。具体标准如图 5-8 所示。

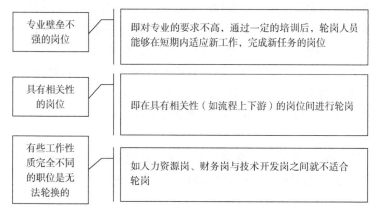

图 5-8　轮岗范围说明

3. 向原部门交接工作

轮岗人员与原部门的对接人员，需完成以下主要工作的交接，具体内容如表 5-9 所示。

表 5-9　　　　　　　　　　　　　　轮岗工作交接的内容

交接内容	内容说明
工作文件的交接	工作中用到的纸质文件和电子版文件
进展中的工作项目交接	主要包含项目的进展状况、目标结果、相关人员工作分配与职责等
工作资源的交接	如客户资料、技术资料等

在办理工作交接的过程中，需注意以下事项，具体内容如图 5-9 所示。

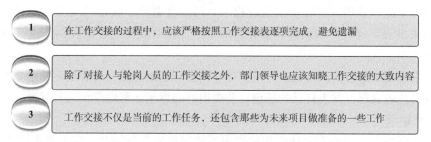

图 5-9　工作交接中的注意事项

4. 健全轮岗员工评估体系

强化轮岗过程中的效果评估，可以不断调整完善轮岗计划，最大化提高轮岗实施效果。

（1）课堂培训考核

人力资源部门培训岗在对转岗人员进行课堂培训之后，需要对转岗人员进行测试，考查转岗人员对课堂培训内容的掌握情况，并将考核结果记录下来。

（2）在岗培训考核

转岗培训师对转岗人员进行在岗培训时，需随时记录转岗人员的工作表现，按照在岗培训考核的要求进行信息记录，并完成对轮岗人员在岗培训的考核工作。

5.2.3　角色扮演法

角色扮演法是指让受训人员扮演某个与工作相关的角色，以感受所扮演角色的心态和行为，并帮助自我发展和提高行为技能的一种有效培训方法。其原理是通过情景和问题的设置使受训人员扮演实际工作中的角色，并利用受训人员已有的经验与技能进行表演；一部分受训人员充当观众，当表演结束后，扮演者、观察者等共同对整个情况进行讨论。

角色扮演法是开发行为能力的手段，通过受训人员的角色扮演可以反映出多方面的实际问题。同时，通过对表演中成功与失败之处的点评，可以让受训人员认识到自己的不足，并明确改进方向，而且其他受训人员也可在相互交流中获取宝贵经验。

1．实施流程

角色扮演法实施的成功与否，将直接影响企业培训效果。企业要想达到理想的培训和测评效果，就必须有效控制角色扮演实施的全过程。一般来说，角色扮演法的实施分为以下 7 个步骤。

（1）明确目标。使用角色扮演法之前，应该明确培训目标。即通过设置某种问题或情景，明确希望通过此方法反映出什么问题，培养或提高受训人员哪些能力。

（2）设定场景。根据培训目的，设计一个现实工作中经常出现的场景。场景不仅要能引起参与者的共鸣，而且能帮助他们学会在实际工作中处理类似问题。

（3）设定角色。角色的设置要根据所设计的情景而定。要保证角色扮演的人物和情节符合现实中的实际情况，确保真实性。

（4）准备剧本。剧本的编写要与场景相吻合，要能给各角色提供合适的展示情节。剧本内容不用太详细，否则会束缚角色扮演者的发挥，规定一个简单的剧本框架即可。

（5）设定时间。角色扮演根据设计的情节、场景，要求角色扮演者在规定的时间内完成相关的任务。时间要安排合理，否则不利于角色扮演者的发挥。

（6）全局掌控。受训人员在扮演的过程中，可能会遇到一些临时状况，使得情节未按照预定的方向去发展。这时，培训师可事先选取重点加强对表演过程的控制，也可通过介入表演引导受训人员。

（7）汇报总结。角色扮演结束后，培训师应当进行汇报总结，对表演活动中暴露的问题、关键事件及角色的表现，发表自己的感想，并提出好的意见，帮助受训人员复盘、弥补不足。

2．注意事项

为有效防范角色扮演法在具体应用过程中可能出现的各种问题，应当重点注意以下 4 方面内容。

（1）准备好角色扮演所需的材料及必要的场景工具。

（2）保证角色扮演全过程得到有效控制，以纠正随时可能产生的问题。

（3）有针对性地选择培训内容、扮演情景及角色。

（4）情景的设计要尽量符合工作的实际内容。

5.2.4　工作指导法

工作指导法又称教练法、实习法，是指由有经验的工人或直接主管人员在工作岗位上对受训人员进行培训的方法。指导者的任务是教受训人员如何做，以及提出如何做好的建议，并对受训人员进行激励。此种培训方式适合于解决培训部门新进员工知识性、技能性与态度性的问题，其主要的优点、缺点如图 5-10 所示。

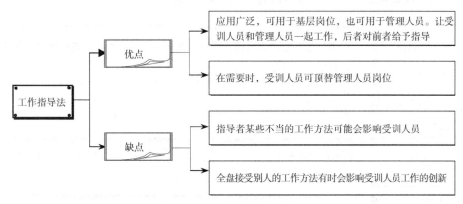

图 5-10　工作指导法的优缺点

从图 5-10 所示的工作指导法的优缺点可以看出，该方式并不适用于所有领域，其主要适用领域如图 5-11 所示。

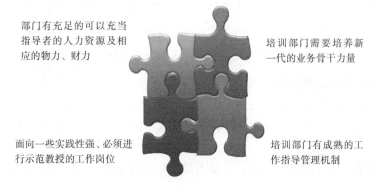

图 5-11　工作指导法的适用领域

5.2.5　头脑风暴法

头脑风暴法又称智力激励法、BS（Brain Storming）法、自由思考法，是由美国创造学家 A.F.奥斯本于 1939 年首次提出、1953 年正式发表的一种利用无限制的自由联想和讨论激发创新思维的方法。

1. 头脑风暴法的优、缺点分析

头脑风暴法的主要优、缺点如表 5-10 所示。

表 5-10　　　　　　　　　　　　　　头脑风暴法的主要优、缺点

优　点	缺　点
（1）在不受限制的讨论下，可以激发人的创造力，突破固有观念束缚，提出更多的新观念	（1）人员选择不得超过 15 人，不适合大范围的人员培训
（2）通过利用人们的竞争意识，可以不断地激发员工智慧，提出有独到见解的新奇观念	（2）由于头脑风暴法主要采用讨论的形式，因而对参与者的表达能力和归纳分析能力的要求比较高
（3）由于头脑风暴法规定，不得批评仓促的发言，甚至不许有任何怀疑的表情、动作、神色，使得大家可以畅所欲言，提出大量的新观念	

2．头脑风暴法应遵循的原则

头脑风暴法应遵循以下原则，具体内容如图 5-12 所示。

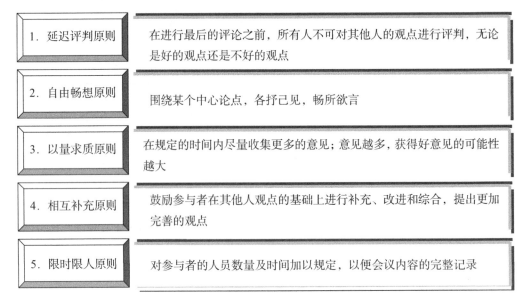

1．延迟评判原则	在进行最后的评论之前，所有人不可对其他人的观点进行评判，无论是好的观点还是不好的观点
2．自由畅想原则	围绕某个中心论点，各抒己见，畅所欲言
3．以量求质原则	在规定的时间内尽量收集更多的意见；意见越多，获得好意见的可能性越大
4．相互补充原则	鼓励参与者在其他人观点的基础上进行补充、改进和综合，提出更加完善的观点
5．限时限人原则	对参与者的人员数量及时间加以规定，以便会议内容的完整记录

图 5-12　头脑风暴法应遵循的原则

3．头脑风暴法的实施步骤

头脑风暴法的具体实施程序可分为 4 个步骤，每个步骤的说明如下。

（1）准备阶段。确定会议的主题，并确定主持人、记录员及参与人数。人员一般为 10～15人，时间为 20～60 分钟。

（2）问题明确。完成准备工作后，主持人简明介绍讨论的主题，使各参与人员明确所要讨论的问题。

（3）讨论进行。明确中心论题之后，各参会者提出自己的意见，由记录员进行记录并整理。

（4）结果筛选。主持人通过对会议记录的分析、研究，结合可识别性、创新性、可实施性等原则，筛选 1～3 个最佳提议。

5.2.6　E-Learning 在线学习

广义地讲，E-Learning 指电子化、数字化或互联网化学习。狭义地讲，E-Learning 指互联网化学习，因为互联网对人们工作和生活的影响越来越大，特别是在学习方面，日益成为一种主流的学习方式。

从企业角度讲，E-Learning 是一种学习与绩效提高的解决方案，它通过网络等技术实现学习的全过程管理（设计、实施、评估等），使受训人员获得知识、提高技能、改变观念、提高绩效，最终使企业增强竞争力。

E-Learning 最大的特点就是充分利用了 IT 技术所提供的全新的沟通机制和丰富资源的学习环境。E-Learning 课程就是借助 E 化平台和技术而实施的课程。

企业 E-Learning 的架构（E-Learning 体系）是企业培训和员工学习的重要保障，它包括 E-Learning 技术体系、E-Learning 内容体系和 E-Learning 运营体系 3 大部分。

1. E-Learning 技术体系

E-Learning 技术体系是指企业 E-Learning 系统所涉及的软硬件系统，主要包括 E-Learning 平台系统和硬件环境系统。E-Learning 技术体系建设是建设企业 E-Learning 体系的第一步，也是企业 E-Learning 得以实施的技术保证。

E-Learning 平台系统主要包括学习管理系统（LMS）、知识管理系统（KMS）、虚拟教室系统（VCS）和在线考试系统（OES）。

（1）学习管理系统（Learning Management System，LMS），也称在线学习系统，是 E-Learning 学习的基础管理系统。一般来说，LMS 主要包括以下功能：管理教育培训流程；计划教育培训项目；管理资源、用户和学习内容；跟踪用户注册课程和学习过程数据管理；支持航空工业 CBT 委员会（AICC）等课件标准。

（2）知识管理系统（Knowledge Management System，KMS）是一套对知识管理活动的各个过程进行管理的软件系统。为了提高企业的发展和竞争能力，KMS 通过建立技术和组织体系，对企业组织内外部的个人、团队进行以知识为核心的一系列管理活动，包括对知识的定义、获取、储存、学习、共享、转移和创新等。

（3）虚拟教室系统（Virtual Classroom System，VCS）是以建构主义理论为基础的，基于互联网的同步教育模式。它能实现实时视频点播教学、实时视频广播教学、教学监控、多媒体备课与授课、多媒体个别化交互式网络学习、同步辅导、同步测试、疑难解析、BBS 讨论、远距离教学等功能。

（4）在线考试系统（Online Exam System，OES）也称考试管理平台，是用来进行在线考试管理的一套软件系统。它利用计算机及相关网络技术，实现智能出题、智能组卷、智能考务、智能阅卷和智能统计等，优化考试管理。

2. E-Learning 内容体系

E-Learning 内容体系的规划对企业来说非常重要，它为未来学习内容的持续开发和建设搭好了框架。构建 E-Learning 内容体系可以采用以下 4 种模式。

（1）以培训对象为中心的学习内容体系建设。

（2）以解决某一专项问题为中心的学习内容体系建设。

（3）以解决绩效差距为中心的学习内容体系建设。

（4）以支持某种战略或业务为中心的学习内容体系建设。

3. E-Learning 运营体系

E-learning 提供给学习者一种全新的学习方式。运营和管理 E-Learning 的组织机构通常为企业的培训部门或者是企业独立的网络学院、企业商学院等。

随着 E-Learning 应用的深入开展，企业中的各级业务部门也将成为企业 E-Learning 应用的直接推动者和使用者。培训部门的职责将演变为提供应用方法和支持服务，由培训职能向学习服务职能转变。表 5-11 所示是在 E-Learning 运营中相关部门的参与管理要点。

表 5-11　　　　　　　　　　E-Learning 运营中相关部门的参与管理要点

相关部门	参与管理要点
培训部门	日常业务运营管理、课程内容开发、项目运作及整体推动
技术部门	E-Learning 系统运营、维护、升级；学习者技术支持
人力资源部门	绩效管理接口、监督管理
业务部门	管理部门内部在线学习项目运作、管理团队学习

5.2.7　视听技术法

视听技术法是在听说法的基础上，利用视听结合手段（如录像、电视、电影、计算机等工具）而形成的一种教学法，强调在一定情景中的听觉感知（录音）与视觉（图片影视）感知相结合。其主要的优点、缺点及类型如表 5-12 所示。

表 5-12　　　　　　　　　　　视听技术法的优点、缺点和类型

优　　点	缺　点	类　　型
（1）可以充分利用图片、声音和影音文件等展示课程内容，增强趣味性，从而提高学习效率 （2）方便培训师与受训人员面对面沟通培训内容，能给受训人员以真实感，有利于引起受训人员的学习兴趣 （3）教材可反复使用，有利于满足不同岗位、不同水平受训人员的受训需要	对仪器的要求较高，价格昂贵	（1）按制作方式划分：电子媒体和非电子媒体 （2）按受训人员影响划分：刺激媒体、反应媒体和控制媒体 （3）按使用媒体划分：视觉媒体、听觉媒体、视听媒体和综合媒体

由于视听技术的手段包括投影仪、计算机等多种方式，下面以计算机教学为例，其主要操作步骤如图 5-13 所示。

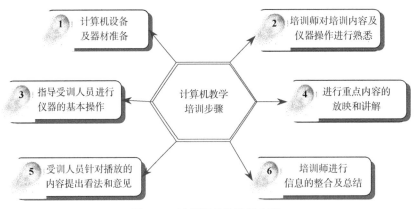

图 5-13　计算机教学培训步骤

5.2.8　移动学习

1. 基于微信平台的培训

由于近年来智能手机在国内的大面积普及，微信已成为众多企业选择的一个正式或者非正式的企业交流平台。随着微信自身的不断开发升级，基于微信平台的培训作为一种成本较低的"微培训"式的移动互联网培训方式，受到了很多企业的欢迎。

例如，新建一个微信群，在这个微信群里，有至少一个培训负责人负责维持群里的秩序，以及组织群里成员（受训人员）进行学习；在微信群里发放一些学习相关材料（如链接、视频、文档等），引导参与的员工进行学习、讨论和培训。

企业还可以运用微信平台的功能进行培训工作，除了利用微信群进行培训的问答、交流、反馈等之外，还可以运用微信公众号、微信小程序等开展移动培训工作。相对于企业培训运用微信群这一方式而言，企业培训的微信公众号或者企业培训的微信小程序成本相对高一些，对培训负责人的要求也更高，要求培训负责人能够拥有后台编辑微信公众号等程序的能力。此种

方式是利用微信公众号的推送和反馈等功能，使员工根据自身需要进行学习选择。

企业采用微信公众号或微信小程序对员工开展培训时，除了可以设计一些适宜的培训内容外，还可以开发一系列与受训人员互动的学习活动，这样的互动有助于提高培训的效果。

2. 基于 App 平台的培训

基于 App 平台的培训可以分为两种：一种是企业采用外包形式，另一种是企业自建专用的培训 App。

基于 App 的培训一般需要在移动设备上另行下载 App，但是由于微信的普及率高，现在的趋势是将 App 与微信等平台打通，以便员工随时随地学习。

基于 App 平台的培训给培训管理人员的后台主要是以管理为主，包括"需求管理""计划管理""培训管理""考试管理""用户管理""培训报表"等模块，可以帮助培训管理人员进行相关方面的工作。对于受训员工，则有"投票活动""调查问卷""移动学习""离线学习""移动考试""资料中心""专题学习""公开课""直播""群组讨论""学习排行""积分排行"和"在线问答"等多个模块可以使用。

前面介绍了 8 种主要培训方法。在选择培训方法时，培训管理人员首先要考虑培训的目标，确定培训可能产生的培训成果，选择一种或几种最有利于实现培训目标的培训方法，再结合开发和使用已选择培训方法的成本，做出最佳选择，最大限度地保证培训成果的转化。

其次，培训管理人员应该根据受训人员的不同特点来决定合适的培训方法。如果在培训方法上不分出层次，那么针对不同员工进行的培训效果也不会太理想。

最后，培训管理人员根据企业的培训预算成本来选择合适的培训方法。

新兴的培训方法

【微课堂】

高层管理人员的决策对整个企业的发展都有重大的影响。因此，在高层管理人员培训方式的选择上有其独特的地方。请问，对高层管理人员的培训可采用哪些方法？

复习与思考

1. 培训的类型都有哪些？简述各类型包括的内容。

2. 新兴的培训方法有哪些？

3. 如何选择合适的培训方法？

4. 简述 E-Learning 体系的内容。

知识链接

宝洁公司全方位、全过程的培训

在宝洁公司人才培养体系中，培训机制是非常重要的组成部分，也是宝洁口碑最好的制度之一。在培训方式上，宝洁采用混合式培训，包括在职培训、课堂式培训、网上培训、远程培训等。在职培训是其中最核心的部分，包括直接经理制、导师制等。

1. 直接经理制

直接经理制，即明确指定的直接经理对下属进行一对一的培养与帮助。每一位员工从刚进公司开始，就会有一位直接经理对其工作进行指导，这是一对一的真正商业培训，培训的内容甚至会包括拜访客户的语气、每一件小事的处理等。

2. 导师制

导师制（Mentoring）以类似师徒制的运作方式，在经历了双向选择的过程后，"导师"（Mentor）会将自己的实际经验传授给"受训人员"（Mentee），倾听受训人员生活中遇到的困惑与苦恼同时以自身的经验告诉他在公司里的注意事项、公司文化的细节以及如何去开展工作等，并不断对受训人员进行指点与扶持。

技能实训

实训内容：编制一份培训计划书

假如你是某公司人力资源管理部门负责培训的工作人员，现在公司要求你做一份针对生产班组人员的培训计划，计划内容主要包括：培训目的、受训人员、培训内容、培训时间地点、培训方式方法、培训师、培训实施计划、培训评估几个方面。你有一个星期的时间去完成。

一、培训目的

二、受训人员

三、培训内容

四、培训时间地点

五、培训方式方法

六、培训师

七、培训实施计划

八、培训评估

【本章知识导图】

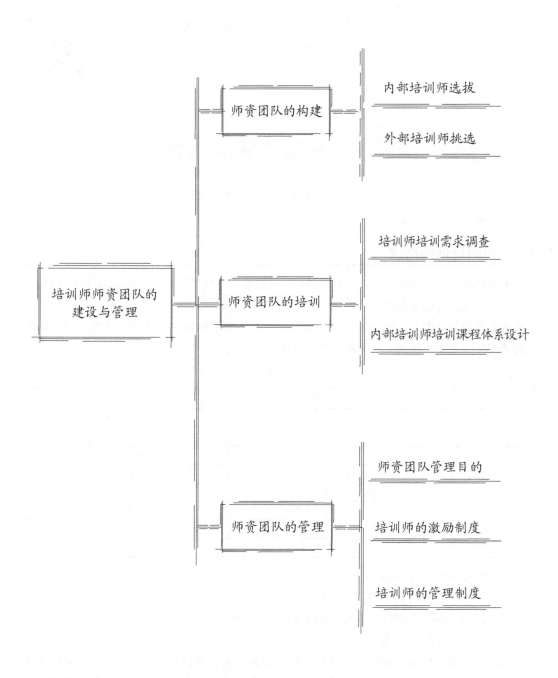

【学习目标】

职业知识	• 了解培训师师资团队建立的途径和实施步骤 • 明确培训师师资团队管理的要求和方法
职业能力	• 掌握培训师师资团队的选拔流程和标准，能够有效地建设一支优秀的培训师团队 • 掌握培训师师资团队管理的工具与表单，并能够灵活运用到实际工作中
职业素质	具备良好的语言表达能力、较强的协调组织能力、分析判断能力和执行力

企业培训师师资团队的建设与管理对培训效果起着关键作用。目前，企业能够利用的培训师资源既可以从内部培养，又可以在外部聘用。但是，如何建立和管理一支属于自己的培训师师资团队已成为企业培训的一大难题。

内部讲师选拔

6.1 师资团队的构建

企业要获得良好的培训质量和效果，就需要有优秀的师资作为基础。培训师师资团队的建立，一般有从企业内部选拔和从企业外部选拔两个途径。

6.1.1 内部培训师选拔

关于内部培训师的选拔，可以从选拔范围、选拔标准、选拔流程及选拔制度4个方面进行。

1. 内部培训师选拔范围

企业选拔内部培训师，建立内部培训师团队，首先要明确内部培训师的选拔范围。内部培训师的选拔范围主要根据表 6-1 所示的 3 个维度进行界定。

表 6-1　　　　　　　　　　内部培训师选拔范围

选拔维度		选拔范围
入职时间		_____年以上
学历		_____及以上
培训对象	普通员工培训	主管级以上
	主管级培训	经理级以上
	经理级培训	总监级以上
	生产班组长培训	班组长以上
	生产主管培训	生产主管以上
	生产学徒培训	生产一线员工

2. 内部培训师选拔标准

企业选拔出合适的内部培训师，有利于提高内部培训师的培训水平，提高培训的质量和效果。企业内部培训师选拔标准主要包括图 6-1 所示的 10 个。

3. 内部培训师聘用标准

内部培训师聘用标准是指确定具有何种资质的候选人能够担任内部培训师，在具体实施的过程中，以候选人的试讲评分结果（试讲评估表见表 6-2）作为聘用标准，是最终确定聘用人员的重要参考标准之一。

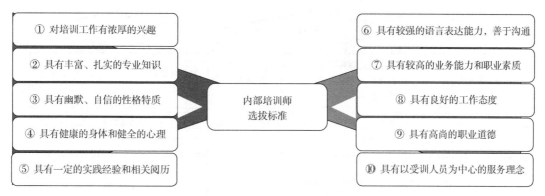

图 6-1　内部培训师选拔标准

表 6-2　　　　　　　　　　　　　　试讲评估表

评估内容	评估结果			
	非常好–5 分	较好–4 分	一般–3 分	较差–2 分
语音语调				
现场气氛				
表达能力				
肢体语言				
课堂互动性				
形象仪表				
时间掌握				
授课内容熟悉度				
案例引用				
提问技巧				
总分				
综合评价	综合评价：优秀□　良好□　一般□　较差□ 建议： 评估人： 日期：　年　月　日			

4. 选拔流程

内部培训师选拔的方式包括推荐和自荐。要做好内部培训师的选拔工作，应该分步骤进行，并且明确各个步骤的操作标准和要求，确保选拔过程的公正性、公平性。内部培训师选拔的步骤具体如图 6-2 所示。

若采用推荐的方式，企业需事先制定内部培训师推荐的标准和要求，如图 6-3 所示。

5. 选拔制度

内部培训师选拔制度是指对企业的内部培训师选拔工作如何进行规范化运作的规定，以保证内部培训师选拔的公正性和公平性。内部培训师选拔制度规范的内容主要包括以下 5 个方面。

（1）组织部门。明确哪个部门负责内部培训师的选拔工作，明确相关人员的工作职责。

（2）选拔标准。制定内部培训师选拔的标准，作为各部门推荐人选或自己申请时参考的依据。

（3）选拔程序。设计内部培训师的选拔程序，明确各步骤的操作标准和要求，确保选拔过程的公正、公平。

图 6-2　内部培训师选拔的步骤

（4）评审事项。内部培训师的选拔必须通过评审小组进行全面评估，评审小组应讨论并确定评估的标准和细则。

（5）确定培训师。内部培训师的选定需经过正规的审核审批程序，明确企业内部培训师的最终决策人员及相应的职责。

图 6-3　培训师内部推荐标准

6.1.2　外部培训师挑选

外部培训师选择的途径主要包括从大中专院校聘请教师、聘请专职培训师、从培训机构聘请培训顾问、聘请本行业的专家学者或在网络上查找并联系培训师等。

1. 外部培训师选择标准

人力资源部在制定外部培训师的选择标准时，可结合本企业内部培训师的任职资格及胜任标准。一般来说，可参考的具体标准如表6-3所示。

表 6-3 外部培训师的选择标准

选择标准	标准说明
授课经验	培训师具有多年从业经验，能够将理论知识与管理实践全方位融合，帮助企业员工解决实际的培训需求问题
课程开发能力	培训师能够结合企业培训需求开发、完善培训课程，保证传授知识的先进性和实用性
培训授课能力	培训师能够融合多种培训方式，以及使用恰当的培训技巧进行授课
客户口碑	人力资源部门对培训师以往服务的客户进行调查，了解他们在客户心目中的地位
培训授课效果	培训师了解受训人员的学习过程，把控培训课堂气氛，使培训效果最大化
专业领域学习能力	培训师了解培训领域的最新发展情况，并持续、深入地学习专业知识
授课风格	考查培训师的授课风格是否与企业文化、受训人员需求相适应，常见的授课风格如下： ●领导风格 ●学者风格 ●幽默风格 ●实用风格 ●技术风格
工作经历	考查培训师的工作经历，据此推断培训师综合素质 ●缺乏不同行业、不同部门岗位的工作经历，则视野狭窄，知识储量不足 ●工作经历丰富，则规范化程度较高，能够考虑到参训员工的感受等，易于引起共鸣

2. 外部培训师选择流程

培训师自身水平的高低会直接影响品牌课程的培训效果，因此，培训师的选择尤为重要，而优秀培训师的选择需经过缜密的内部决策流程。

（1）人力资源部门收集、筛选培训师信息。人力资源部门通过平面媒体、网络媒体、企业信息库等多种渠道收集培训师的资历、经验等资料。同时，人力资源门部根据企业的培训需求、培训目标、培训对象、培训经费等情况对培训师进行初步筛选。

（2）人力资源部对培训师资质进行审查。对通过筛选的培训师进行资质审查，若培训师未能通过审查，则不能聘用。

（3）人力资源部门组织试讲与评估。人力资源部门与审查通过的培训师联系，并组织其进行试讲，对试讲结果进行评估。人力资源部门安排试讲时间和日期后通知培训师，试讲评估主要考查6个方面，具体如表6-4所示。

表 6-4 培训师试讲评估表

培训课程： 培训师： 试讲日期： 年 月 日

评估项目	评估标准		
	优 秀	良 好	较 差
课前准备	培训课前准备十分充分，熟悉培训内容、培训流程	培训师仅了解部分培训内容，对培训流程不熟悉	培训师没有进行课前准备，对培训内容、培训流程不熟悉
授课进度	培训师能够根据授课内容的重要性安排授课进度，并在授课过程中，对授课进度进行实时调整	培训师事先对授课进度有一定安排，但无法根据培训实际情况调整进度	授课进度安排不合理，培训师无法结合培训内容调整授课进度
授课技巧	培训师熟练掌握授课技巧，培训开场精彩、表达恰当、培训互动适度、收尾简洁有力	培训师仅能掌握部分授课技巧，存在培训开场平庸、表达不够简洁、互动时间过长或过短等问题	培训师未掌握授课技巧，授课效果较低
多媒体运用	培训师在培训过程中能够熟练、恰当地使用多媒体，丰富课堂内容，激发受训人员学习兴趣	培训师虽然熟练地运用多媒体丰富课堂内容，但多媒体使用不恰当，受训人员学习兴趣较低	培训师不了解如何运用多媒体，受训人员因培训课程表现形式枯燥而毫无学习兴趣
问题解答	培训师能够快速、全面地处理受训人员的提问，受训人员对培训师回答满意度高	培训师对受训人员提问的回答不全面，受训人员对回答有异议	培训师无法回答受训人员的提问

续表

评估项目	评估标准		
	优　秀	良　好	较　差
参训员工收获	受训人员对培训满意度很高，认为培训课程具有较大价值，对实际工作的帮助较大	受训人员对培训课程满意度较高，但认为培训对实际工作的帮助较小	受训人员对培训课程满意度低，培训课程毫无价值，无法指导实际工作
综合评价			

（4）人力资源部门确定培训师名单。人力资源部门结合试讲评估结果，拟定聘用的培训师名单，并上报人力资源部门经理审核；经审批通过后，人力资源部门与培训师就培训相关事宜进行谈判，并签订合作协议。

【微课堂】

1. 培训师师资团队建立的途径有哪些？

2. 培训师的素质参差不齐，企业为了确保外部培训师的质量，保证培训的效果，在选择外部培训师时应注意哪些问题？

6.2 师资团队的培训

师资团队同员工一样，为了提高其知识和能力，也需要进行培训。

6.2.1　培训师培训需求调查

关于培训师培训需求调查，主要是通过整合培训需求分析，精练培训需求，据此确定不同培训需求之间的优先顺序，使培训师师资团队关注那些需要重点满足的培训需求。

对培训需求进行调查可针对同一培训对象的培训需求进行重要性分析，即确定哪些培训需求是至关重要的。培训管理人员可以通过重要性矩阵对培训需求进行分析，如图6-4所示。

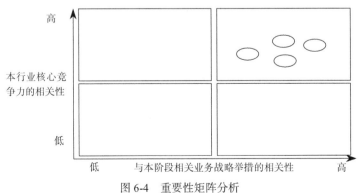

图6-4　重要性矩阵分析

首先，通过以上重要性矩阵分析，处于右上象限的培训需求就是需要重点关注的培训需求。其次，基于以上重要性分析，可针对同一培训对象的培训需求进行相互比较。在进行横向比较时，如果某培训需求比其他培训需求重要，给予2分；如果同样重要，给予1分；如果重要性低于其他培训需求，给予零分。最后，最右列的得分的高低就明确了。

6.2.2　内部培训师培训课程体系设计

建立内部培训师培训的课程体系有助于培训师明确自身职责，掌握授课技巧，提高与受训人员的互动水平等，为企业培养一支高素质的内部培训师团队。表6-5介绍了内部培训师培训课程设计的有关内容，供读者参考。

表6-5　　　　　　　　　　　　　　内部培训师培训课程设计

课程大纲		课程内容
第一阶段	培训本质	（1）培训与上课的区别是什么：内部培训师关注的重点是什么 （2）成人学习的原理：高效培训的标准
	基本授课技术	（1）如何进行声音控制：停顿、语速、语气、语调、语音 （2）如何运用身体语言：目光、交流、手势、站姿 （3）如何与参训员工互动
	表达技巧	（1）学习授课表达的有效工具 （2）如何包装学习要点：类比、事例、数据、演练、反馈
	多媒体工具的使用	（1）如何使用投影仪、计算机、录像机 （2）幻灯片的制作技巧
	课程开发技巧	（1）课程开发要领 （2）课程开发类型 （3）课程开发流程
第二阶段	设计完整的培训过程	（1）培训过程设计的重要性 （2）培训过程分步讲解：创意开场、信息传递、参与激励、应用评估、结束
	情绪控制	紧张情绪的控制方法：调息法、提前熟悉场地法、主动交流法
	时间掌控	内部培训师常见的时间掌控错误及解决对策
	培训现场掌控	（1）如何处理受训人员的提问 （2）如何应对冷场 （3）如何从更长远的视角解决问题

【微课堂】

做好内部培训师培训工作，提高内部培训师团队的整体素质，对企业的生存和发展有着重要意义。请结合所学知识，谈谈如何制订内部培训师培训计划？每一个步骤有哪些需要注意的事项？

6.3 师资团队的管理

内部培训师的管理

为了提高师资团队的工作绩效、营造企业氛围、充分挖掘企业内部智力资源、建立健全企业培训体系，企业需要对师资团队进行管理、激励和更新。

6.3.1 师资团队管理目的

企业进行培训师师资团队管理的目的主要有以下7个。

（1）提高培训工作绩效，切实保障企业各类专业培训的针对性、及时性和延续性。

（2）更好地营造学习与发展型企业的氛围。

（3）充分挖掘企业内部教育训练培训师资源，提高内部培训师团队的整体素质，激励培训师的授课热情，完善企业内部培训师管理体系，规范培训师作业流程。

（4）通过充分利用企业内部智力资源，积极培养和建设内部培训师团队，发挥内部培训师在企业整体培训教育体系中的核心作用。

（5）通过合理安排外聘培训师，弥补企业内部培训人员的不足，促进培训工作发展。

（6）保证企业教育训练部门培训体系的顺利实施，激励员工参与培训工作。

（7）建立、健全企业的培训体系，充分利用企业人才资源，建立一支适应企业文化、符合战略发展方向的培训师团队。

6.3.2 培训师的激励制度

针对培训师的激励措施有很多，包括颁发资格证书、提高薪酬、增加福利、扩大职位晋升空间以及提供更多培训的机会等。以下是某企业培训师的激励制度示例，仅供参考。

制度名称	某企业培训师激励制度		编号	
			受控状态	
执行部门		监督部门	考证部门	

第1章 总 则

第1条 目的

为了调动企业培训师的工作积极性，改善培训效果，特制定本制度。

第2条 适用范围

本制度使用于企业所有培训师的激励管理。

第2章 授课津贴激励

第3条 内部培训师的授课津贴标准如下表所示。

级 别	津贴标准	
	工作时间培训	业余时间培训
助理培训师	15元/课时	20元/课时
初级培训师	25元/课时	35元/课时
中级培训师	60元/课时	80元/课时
高级培训师	200元/课时	250元/课时

续表

制度名称	某企业培训师激励制度		编号	
			受控状态	
执行部门		监督部门	考证部门	

第4条　授课津贴只针对培训部门统一安排并考核合格的培训项目。津贴以现金形式发放，发放的时间为课程后期跟踪、总结完成后一个月内。

第5条　对于无法界定是否发放授课津贴的课程，统一由企业培训部门最后界定。

第6条　各部门培训师的授课津贴统一申报至培训部门，由培训部门复核并报总经理审批后方可发放。

第3章　培训师晋级激励

第7条　培训师晋级基本要求

1．见习培训师，符合候选人标准，并取得内部培训师资格证书。

2．初级培训师，具备见习培训师资格，累计授课时数达到50小时。

3．中级培训师，具备初级培训师资格，累计授课时数达到80小时。

4．高级培训师，具备中级培训师资格，累计授课时数达到120小时。

第8条　企业每年____月公布本年度内部培训师晋级评审方案。

第9条　企业内部培训师可根据本人条件，按照晋级申报条件和基本要求向培训部门提出书面晋级申请，并填写"内部培训师晋级申报表"。

第10条　成立评审小组，对初审合格的申请人进行综合考评，按照从高分到低分的顺序择优确定晋级内部培训师名单。

第11条　评审结束后，晋级内部培训师名单在本企业进行公示，____日内无异议，则报人力资源门总监审批。

第12条　审批通过后，由主管部门为晋级人员办理相关手续。

第13条　评审小组要按照一定的晋级比例确定最终晋级内部培训师。

第14条　晋级培训师可以享受一定的福利待遇，具体参考企业培训师管理制度。

第4章　其他激励办法

第15条　资料购置费、带薪年假和外部培训等激励措施。

1．培训师的资料购置费、带薪年假和外部培训等激励措施的明确规定如下表所示。

级别	资料购置费报销	带薪年假	外派培训激励
助理培训师	100元/年	无	无
初级培训师	500元/年	3天/年	外派培训或参观考察等活动，费用总额为1500元/年
中级培训师	1000元/年	5天/年	外派培训或参观考察等活动，费用总额为4000元/年
高级培训师	2000元/年	7天/年	外派培训或参观考察等活动，费用总额为7000元/年

2．购置的学习资料或外派培训获得的证书在企业备案后归个人所有。

3．带薪年假照常发放工资，但不报销差旅费用。

第16条　培训师授课的业绩作为本人年度业绩考核和晋升的参考标准，同等条件下的薪资调整、评优、升职等机会优先考虑培训师。

第17条　企业每年进行一次优秀培训师的评选活动，授予"企业优秀培训师"的荣誉称号并进行物质奖励。

第5章　附　则

第18条　本制度由企业培训部门起草解释修订。

第19条　本制度经由企业总经理审批后自发布之日起实施。

编制日期		审核日期		批准日期	
修改标记		修改处数		修改日期	

6.3.3　培训师的管理制度

一般情况下，企业培训师的管理主要包括培训师的评聘、培训师的考核、培训师的培训、培训师的激励等。以下是某企业培训师的管理制度示例，仅供参考。

制度名称	某企业培训师管理制度		编号	
			受控状态	
执行部门		监督部门	考证部门	

第1章　总　则

第1条　目的

1. 更好地营造学习与发展型企业的氛围。

2. 发现和培养高素质的培训师团队，提高培训师的整体素质水平。

3. 通过充分利用企业内部智力资源，积极培养和建设内部培训师团队，发挥内部培训师在企业整体培训教育体系中的核心作用。

4. 通过合理安排外聘培训师，弥补企业内部培训人员的不足，促进培训工作发展。

第2条　适用范围

本办法适用于企业所有内部培训师、外聘培训师的管理工作。

第3条　管理职责

1. 企业培训部门负责所有内部培训师选拔、定级、考核，以及外聘培训师评聘、培训供应商选择等事项。

2. 各部门须做好培训培训师需求上报、内部培训师推荐等相关工作。

第4条　术语解释

1. 内部培训师，是指从企业内部选拔和培养的，负责企业培训工作的内部员工。

2. 外聘培训师，是指非本企业员工，接受本企业聘请，专长于某一专业领域，为本企业提供培训的培训师。

第5条　培训师设置原则

本企业所有内部培训师评选、外聘培训师的评选和担任，均须参照企业业务需要和人才选拔需要确立。

第2章　培训师的评聘管理

第6条　培训师类别划分

企业培训师分为储备培训师和正式培训师两类，培训师除了可以获得授课薪酬之外，还可以获得企业组织的"培训师培训"。企业培训师划分为4个等级，分别为见习培训师、初级培训师、中级培训师、高级培训师。详情如下表所示。

培训师等级	授课时间	培养人员	培训人次
见习培训师	符合候选人标准，并取得培训师资格证书	无	___人次
初级培训师	具备见习培训师资格，累计授课达到__小时/年	见习培训师	___人次
中级培训师	具备初级培训师资格，累计授课达到__小时/年	初级培训师	___人次
高级培训师	具备中级培训师资格，累计授课达到__小时/年	中级培训师	___人次

第7条　培训师的评选条件

1. 具有认真负责的工作态度和高度的敬业精神，能够确保企业培训工作的开展。

2. 在某一岗位专业技能上有较高的理论知识和实际工作经验。

3. 具有较强的书面和口头表达能力，以及一定的培训演说能力。

4. 具备编写讲义、教材、测试题的能力。

第8条　内部培训师评聘程序

1. 自行推荐申请的员工填写"内部培训师自荐申请表"交所在部门签署意见后，报企业培训部门。部门推荐的（原则上，各部门每年应推荐1~2名优秀员工）须由部门负责人员填写"内部培训师推荐申请表"，由部门经理签署意见后，交企业培训部门。

2. 培训部门对照内部培训师选拔要求，对申请人员进行资格审定。

续表

制度名称	某企业培训师管理制度		编号	
			受控状态	
执行部门		监督部门	考证部门	

3. 资格审定合格后，由申请人员试讲培训课程，企业培训部门从各部门抽调专业人士来评定试讲成绩。

4. 培训部门对申请人员的试讲成绩进行排名，择优确定，并及时公布内部培训师资格和名单。

第 9 条　外聘培训师评聘程序

企业根据培训需求状况，可聘请外部培训师为本企业员工进行培训。经培训部评审合格后，也可聘请外聘培训师长期担任企业培训师。外聘培训师的评聘程序如下。

1. 各业务部门可根据业务发展的需要，就某一项目、某一课题等向培训部门推荐优秀的外部培训师。

2. 培训部门在收到各部门的推荐后，须及时对外部培训师展开背景了解和调查工作。

3. 培训部门确认外部培训师资格条件和培训课程费用在本企业的要求范围内后，可以向人力资源总监提出申请，经审批后签订聘用合同。

第 10 条　培训师资格的取消

1. 培训师资格取消的条件

（1）本人自愿要求取消培训师资格。

（2）在培训期间违反法律法规规定，违反企业相关管理规章制度。

（3）个人行为严重损害企业利益，经过培训部门工作人员劝导后仍然不予改正的。

2. 培训师资格取消的程序

（1）自愿申请取消资格的，由本人填写"培训师资格取消申请表"，经培训经理签署初步意见后，提交总经理批准。

（2）经总经理批准后，收缴所有证书，停止一切培训业务。

（3）因第 1 款第 2 项、第 3 项所列原因被取消培训师资格的，由培训部门负责书面通知其本人，然后收缴其所有证书，停止一切培训业务。

第 3 章　培训师的培训、考核、课酬

第 11 条　培训师的培训内容

为提高培训的成效，凡新担任企业培训师的人员，必须接受的培训包括学习原理、成人学习特点、企业培训与员工发展、教材设计与制作、培训技能训练等。

第 12 条　培训师考核

1. 培训受训人员和培训部门负责对培训教材设计、授课风格、受训人员收益等进行评估。

2. 培训部门负责对培训师的年终考核进行综合评定，考核结果由总经理审核，对考核结果不合格或者受到受训人员两次以上重大投诉的培训师，企业将取消其培训师资格；培训师因正常工作或个人原因，不能按原计划授课时，应及时通知培训部门，以便另行安排。

3. 企业根据考核结果，每年度从培训师队伍中评选出部分优秀培训师，并给予一定物质奖励和精神奖励。

第 13 条　培训师培训课酬

见习培训师课酬为 50 元/学时，初级培训师课酬为 150 元/学时，中级培训师课酬为 200 元/学时，高级培训师课酬为 300 元/学时。

第 4 章　附　　则

第 14 条　本制度由培训部门制定，经总经办审批后通过。

第 15 条　本制度自公告之日起生效。

【微课堂】

1. 企业如果缺乏合理的激励机制，就会影响内部培训师的积极性。为了激发内部培训师对培训的热情，企业可以采取哪些激励措施？

2. 谈谈在企业培训师管理中，对企业培训师教学的考核应包括哪些方面的内容？

复习与思考

1. 简述培训师的来源及其特点。
2. 内部培训师的选拔可以从哪些人员中挑选？
3. 培训师的激励制度、管理制度、更新制度是怎样的？制度中通常包含哪些要素？

知识链接

宝洁集团培训师认证培养流程

宝洁集团内部培训师的认证以"课程"为单位，而不是以"人"为单位，每一门课程同时有几名认证培训师，每门课程有一名首席培训师。在宝洁集团，某个人不是笼统地被称为宝洁的内部培训师，而是具体为某门课的培训师。如果这个人要讲授新的课程，必须经过新的认证程序，通过后才能讲授，这样就保证了课程的质量。

具体操作是，人力资源部门首先根据培训课程和培训工作量预测某年某一门课程的培训师需求量，如经过预测，某门课程需要6名培训师，而现在只有4名培训师，这时就要启动该课程培训师的认证培养流程，具体如图6-5所示。

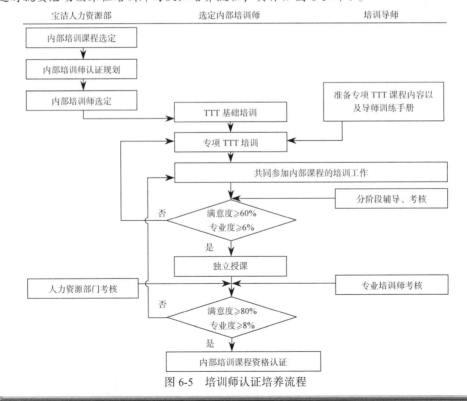

图 6-5　培训师认证培养流程

技能实训

实训内容：设计一则培训师激励制度

假设你是某企业人力资源培训中心的负责人，为了促进培训师更好地完成培训任务，企业要求你制定一个激励制度。请根据下面的框架完成其余部分的内容。

第 1 条　目的

为了调动企业内部培训师的积极性，改善培训效果，特制定本制度。

第 2 条　适用范围

本办法适用于企业内部培训师的激励管理。

第 3 条　激励原则

略。

第 4 条　内部培训师等级划分

略。

第 5 条　内部培训师激励措施

略。

第 6 条　附则

略。

第7章 培训外包管理

【本章知识导图】

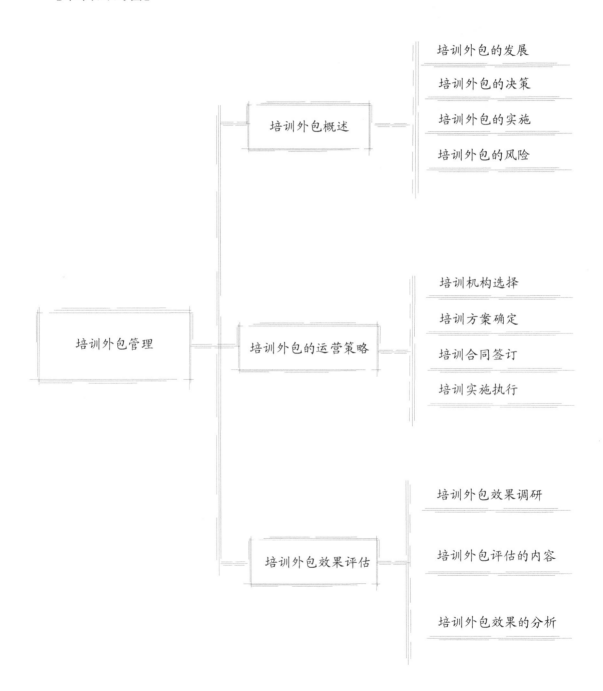

【学习目标】

职业知识	• 了解培训外包市场行情 • 了解培训外包和培训供应商管理所涉及的问题及解决问题的方法
职业能力	• 掌握培训外包运营的策略，能够熟练运用培训外包管理的方法与工具 • 掌握培训外包效果的评估方法，能够对培训外包效果进行合理的评估
职业素质	具有良好的学习能力，具备较强的组织协调、沟通能力及分析问题、解决问题的能力

企业导入培训外包服务就是根据企业实际需要，为企业量身打造适合的培训课程，并根据发展的各个阶段，为企业设计发展中的整体解决方案。但是，培训外包是放手而非放任，企业需要结合自身需求和目标对培训外包服务进行科学的监督、评估与管理。

7.1 培训外包概述

7.1.1 培训外包的发展

20 世纪 70 年代，由于遭受到石油输出国组织（Organization of the Petroleum Exporting Countries，OPEC）石油危机的并发冲击，北美企业的外部营运环境顿时变得复杂。而且，由于社会不断进步引致法律法规的不断完善，以及迫于对政府福利保障制度实施的压力，企业不得不比从前更加关注员工的安全与健康。这样一来，企业事务性的人事行政工作变得越来越繁杂。

培训外包作为管理外包的一种，是指培训外包商在企业人力资源部门或其他责任部门的配合下，根据培训需求分析拟订年度培训计划，为企业量身定制个性化的项目培训方案，提供更具有针对性、实效性的管理培训服务，通过培训解决企业具体问题的方式。

培训外包分为完全外包与内部外包。

完全外包是指企业将整个培训业务（包括制订培训计划、设计课程内容、确定培训时间、提供后勤支持、选择培训师以及课程评价等）全部交给企业外的培训机构。

内部外包是指企业将整个培训职能交给人力资源部门来实施，也可以聘请社会上的专家来企业进行培训，它实际是内部培训的一种优化形式。

培训外包大的分类包括主题式培训外包和年度式培训外包。

主题式培训外包是指按照企业需求，围绕培训目的（主题），紧密结合企业的实际情况，为企业量身定制个性化的培训解决方案，通过组织和调度各类培训资源，为企业提供更具针对性、实效性的管理培训服务，解决具体问题，满足企业需要；通过系统的企业需求研究，从专业的角度有针对性地为企业规划课题并协助推动实施，指导企业化解矛盾、规避风险、提高绩效、解决问题。

主题可根据企业的实际情况确定，如基础管理年、成本管理月、质量管理月、文化管理年等；也可根据企业存在的主要瓶颈问题进行专题设计突破，如现场管理改善、服务水平提高、领导团队建设、销售能力提高、员工满意度增加等。

年度式培训外包是根据企业培训需求分析，结合客户战略目标及人力资源管理战略，拟订培训战略规划，并拟订经济、有效的年度培训计划。作为专业的企业管理咨询机构，培训机构将以其专业知识和集团采购的优势，协助客户以低成本组织实施其内部师资无法完成的培训课程，保证培训计划的实现。

7.1.2　培训外包的决策

关于是否采用培训外包的方式，需要考虑的因素有很多，同时，还应该遵循培训外包决策的规范和技巧。在此，我们需了解培训外包的决策模型，据此确定培训外包的决策。

1. 培训外包的决策模型

根据四象限法理论，我们可以选择市场成熟度与收益成本比作为培训是否进行外包的判断标准。如果供应商有较高水平的培训能力、专业培训师及较好的声誉，则其成熟度高；反之，成熟度低。而收益成本比，主要用来界定培训效果范围，只有具备较高的培训效益时，企业才会选择培训。

以培训市场成熟度为横坐标、培训效果收益成本比为纵坐标，可构建培训外包决策的二维结构模型，如图7-1所示。

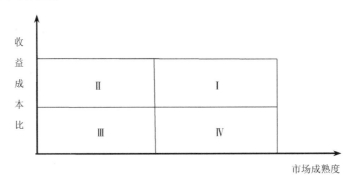

图 7-1　培训外包决策二维结构模型

在第Ⅰ象限中，供应商有较高水平的培训能力，如果采用企业自主培训，势必要投入大量资金和精力，增加企业负担，并且在培训后有些培训资源未必可以循环利用，致使资源浪费。这时，培训外包将成为企业首选，从而更好地为企业打造核心技术奠定基础。

在第Ⅱ象限中，由于供应商技术能力的制约，培训外包将会有很大风险，培训的收效存在很大不确定性。此时，企业可以采用内部培训或外聘专家进行培训，培训内容主要针对的是企业内部的专业技能或核心技术。

在第Ⅲ象限中，由于培训收效很小，难以提高企业核心能力，且可能带有很大的运行风险，因此不宜培训，需重新做培训需求分析。

在第Ⅳ象限中，培训市场较为成熟，企业可以把培训交给供应商，但要注意控制外包的成本，提高与外包服务供应商讨价还价的能力；只有在其成本降至合理范围内进行培训外包，才能确保取得良好的培训收益。

2. 内部培训和外包培训选择的决策

在确认培训需求之后，首先确认企业内部是否具备自主进行实施培训的资源（物质资源和人力资源）。若缺乏某一项资源，可以选择购入。如果购入资源、自主实施培训成本较低，则采取内部培训；否则，将选择培训外包。以下是内部培训与外包培训的成本比较，如图 7-2 所示。

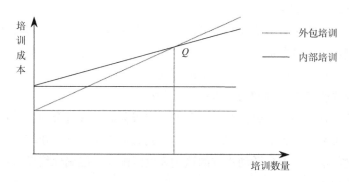

图 7-2　内部培训与外包培训的成本比较

内部培训存在收集培训资料、购置相应设施、聘请专业人员等费用支出，其固定成本明显高于外包模式。而对培训外包来说，企业只需投入少量的资金就可以分享专业培训公司全面开放的专业培训经验，从而大大节约培训管理的成本；但随着企业规模的不断扩大、企业培训人次的逐渐增多，相应的员工培训费用也将增加。图 7-2 中的 Q 点是规模效应的转折点。可见，培训外包活动较为适合中小型企业。

3. 内部外包和完全外包的决策

如果内部培训成本较高，企业应选择外包培训的形式。在这一环节中，不仅要考虑成本的因素，风险规避也是决策的主要依据。如果可以找到资质高、信誉好的外包商，可以考虑实施完全培训外包；否则，实施内部外包是比较明智的选择。

假设企业为规避风险所耗费的成本为 C，购入培训价格为 P。当企业采取完全的培训外包的模式时，购入培训价格和风险成本分别为 P_1、C_1；企业采取内部外包模式时，购入培训价格和风险成本为 P_2、C_2。若 $P_1+C_1>P_2+C_2$，企业应以内部外包方式进行培训。此时的培训针对的主要是那些实施费用低、收益比较大或企业核心技术等活动；或是当培训花费高却收效甚微时，有可能部分借助外部资源实施的培训活动。

若 $P_1+C_1<P_2+C_2$，企业将以完全外包方式进行培训。此时的培训针对的是热门、热点课题的培训；或涉及新思想、新技术、新领域的培训。在缺乏自身内部资源或花费较多时，企业可完全借助外部力量来完成培训工作。

7.1.3　培训外包的实施

培训外包的实施，主要包括以下内容。

1. 进行企业培训需求分析，做出培训外包决定

在做培训外包决定之前，应当首先完成企业培训需求分析。然后考查培训外包的成本，再决定是否需要由内部进行培训。

2. 合理选择培训工作外包

外包决策应根据现有工作人员的能力以及特定培训计划的成本而定。例如，企业如果

正处在快速发展期且急需培训员工，可以适当考虑外包部分或全部培训活动；当企业处于精简状态时，可以将整个培训职能外包出去，或只将培训职能的部分工作（如培训）外包出去。

3. 起草项目培训计划书

在做出外包培训决策之后，应当给服务商起草一份项目计划书。此项目计划书中应具体说明所需培训的类型水平、将参加培训的人员，并提出一些有关技能培训的特殊问题。项目计划书起草应征求多方意见，争取符合企业培训的要求。

4. 选择适合的服务商并寄送项目培训计划书

起草完项目培训计划书后，就要寻找适合的外包服务商并签订合同。一旦将企业人力资源开发（培训）的职责委托给企业外部的合作伙伴，就意味着要对其专业能力、文化兼容性及表达技巧有一定程度的信心。外包活动双方的这种高度匹配不仅能确保培训质量，也能确保有效对接、双方顺畅沟通等。

5. 考核并决定培训服务商

在与培训服务商签订有关培训外包合同之前，可以通过专业企业或从事外包培训活动的专业人员来了解、考查该服务商的证明材料。企业在对可选择的全部对象都做过评议之后，再选定一家适合自己的服务商。

6. 外包合同的签订

与培训服务商签订合同是整个外包程序中最重要的一环节。在签订合同之前，应先让自己的律师审查该合同，并请专业会计或财务人员审查该合同以确定财务问题和收费结构；且合同中必须注明赔偿条款，如培训效果不佳或不符合企业的时间要求等。签订合同时也最好让企业中最善于谈判的成员一起去谈判，以确保企业的利益。

7. 及时有效地与外包培训服务商进行沟通

计算机软件培训是最经常被外包出去的培训活动，企业必须让员工了解培训情况并为他们提供这个重要领域的及时有效的培训。因此，进行有效、及时的沟通，就成了保证外包活动成功的关键。沟通应当是即时的和持续不断的，应当收集并分析员工对每项外包培训计划质量的反馈。

8. 监督并控制培训质量

在培训活动外包之后，还要定期对服务费、成本以及培训计划的质量等项目进行跟踪监控，以确保培训计划的效果。这就需要建立一种监控各种外包培训活动质量和时间进度的机制。

7.1.4 培训外包的风险

由于企业内部资源的局限，只靠企业内部的力量难以及时、有效地满足培训需求。因此，越来越多的企业选择外包培训业务。但是，在培训业务外包的过程中，由于参与双方的信息不对称和环境制约，导致存在一些风险。

1. 内外环境的风险

近年来，我国虽然培训市场需求旺盛，但培训企业人员流动率也很高，很多人在培训机构做了一段时间后就"自立门户"，裂变出无数家新企业。另外，行业起点低、运营成本较低、利润高等特点，驱使一些实力不强的机构进入培训市场。为了生存和发展，他们会用一些非正当的手段来获取业务，如与企业主管勾结，暗箱操作获得培训项目，培训效果当然不尽如人意。

2．外包服务商的风险

培训外包这个行业内存在信息不对称和企业对外包业务的理解、掌控能力有限等局限，企业很难准确了解外包服务商的背景、资质。再加上国内培训外包市场不成熟等原因，往往容易产生逆向选择风险和道德风险，甚至出现"劣商驱逐良商"的现象。

3．企业本身的风险

企业采用培训外包形式，可能出现对外包服务商的专项投资得不到应有的回报，甚至还可能出现在外包培训项目时泄露本企业的信息与机密等不良情况。要想使培训外包获得预期的效果，企业首先要明确自己的需求，并做出成本收益分析，然后起草项目计划书，选择外包服务商并与之签订具有法律效力的合同，监督外包服务商实施培训，最后还要评估培训效果。

【微课堂】

1．培训外包与企业自主培训相比，培训外包具有哪些优势？
2．如何规避企业在开展培训外包时可能出现的风险？

7.2 培训外包的运营策略

培训外包的运营流程包括培训机构选择、培训方案确定、培训合同签订及培训实施执行 4 个步骤。各步骤之间环环相扣，任何一个环节出错，都可能导致培训外包失败。

7.2.1 培训机构选择

企业在选择培训机构时，一般要遵循 10 项标准，具体如图 7-3 所示。

选择培训机构应当按照以下步骤进行。

1．收集培训机构信息

企业的培训部门负责收集各培训外包机构的资料、分门归档，并建立培训机构档案。

选择收集的对象，主要包括管理咨询公司、大学、培训公司和管理顾问等。

收集信息的渠道，主要包括专业报纸、杂志、网络和他人推荐等。

收集的信息内容，主要包括培训机构简介、培训机构的信誉、培训课程种类、培训师资构成、收费标准、已接受过该培训机构服务的客户的评价等。

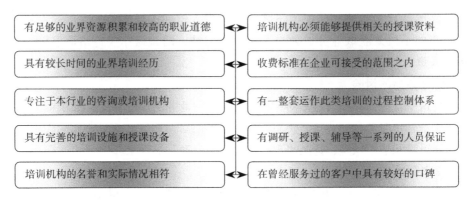

图 7-3　培训机构的选择标准

2．发出询价邀请函

根据年度培训计划确定哪些课程需要由培训机构提供。企业的培训部门与培训机构初步联系，发出询价函，并要求其提供相关课程的方案。大型培训项目可以采取培训招标的形式来选择培训机构。

3．确定候选机构

培训部门负责对有合作意向的培训机构进行资格审查，选择 2~3 家候选机构。培训部门在选择候选培训机构时，应注意以下 6 个问题。

（1）培训教材。检查培训机构教材的资料来源、版权以及需要的语言水平，检查教材的内容是否符合培训项目针对的知识和技能。

（2）培训师。了解负责授课的培训师是哪些人，以及他们的教育背景、工作经历和培训授课经验，检查其是否具有培训资格证书。

（3）培训时间表。培训机构必须制订详细的课程时间表，包括课程准备、培训材料撰写、培训课程的时间安排及课后总结的时间。

（4）硬件设施。考虑培训地点，并了解包括食宿、交通、教室、教学设备等在内的一切可能影响培训效果的因素。

（5）培训费用。明确培训价格及支付方式等。

（6）经验总结。了解培训机构的课程种类及水平，如有多少人参加过培训、培训课程有什么独特经验、本课程能否最终影响本企业的员工表现等。

4．评估候选机构综合能力

培训部门应组织成立培训机构评审小组，由人力资源部门、受训部门及高层领导等相关人员参与。评审小组负责对候选的培训机构进行能力评价，评价的内容主要包括培训机构的规模、企业文化、师资能力、培训服务能力等。

7.2.2　培训方案确定

企业培训机构确定以后，首要的问题就是按照何种方案进行培训。尤其是外包培训，明确培训方案实施内容，显得尤为重要。培训外包方案的内容具体如表 7-1 所示。

表 7-1 培训外包方案的内容

培训外包决策内容	培训外包流程内容
（1）培训内容的战略重要性及独特性 （2）培训资源的充分性 （3）收益成本分析	（1）确定培训外包的内容与范围 （2）选择外包服务商 （3）签订培训外包合同 （4）培训实施 （5）培训评估与反馈

7.2.3 培训合同签订

在市场经济中，法律合同是保护双方权益的有力工具。完善的合同条款可以有效地减少企业外包的不确定性风险，合同中对双方的权利与义务描述得越细，越能防止机会主义行为的产生。可以说，一份完美的外包合同是企业与外包商双赢的基础。双赢是企业与外包商签订外包合同的基本原则。在这个原则的基础上，企业与所选的外包商就培训的各个环节进行充分的讨论协商后订立外包合同。

充分讨论协商不仅包括人力资源部门人员与外包商的沟通协调,而且包括需要培训的人员、需要培训部门的管理人员与外包商进行的沟通。这样做的目的是保证培训方向不会偏离企业的需要，使培训真正产生效果。

培训外包合同内容主要包括以下几项。

（1）外包培训的内容与方式。

（2）服务款项及交付时间、方式。

（3）合同期间双方的职责权限。

（4）合作的期限。

（5）培训的进度及阶段考核措施。

（6）预期效果。

（7）信息安全保密条款。

（8）双方因违反合同规定而应做出的赔偿。

7.2.4 培训实施执行

在培训实施阶段，企业需要预先建立培训的监督管理机制，定期对服务费用、成本以及培训实施的质量等项目进行跟踪监控。派专人每日对培训情况进行记录、分析并上报，对出现的问题和建议，在与上级和培训外包商沟通后及时纠偏。例如，培训的出勤率、受训人员的反应、课堂气氛、与培训有关的各项费用、应完成任务与实际完成任务之间是否存在时间差等指标。其次，需要明确的是人力资源部门在整个培训过程中的角色定位问题。

显然，在外包的培训项目或者业务中，人力资源部门不再是主角，但这并不代表人力资源部门的角色与任务就退居其次了。人力资源部门首先是企业整个培训的推动者，从最初的外包环境的考察调研，到培训方案的制订规划以及整个方案的运转和评估，人力资源部门一步步将培训计划付诸实施。

同时，人力资源还是整个培训外包过程的服务者，是企业与外包商之间沟通联络的纽带，负责监督跟踪整个培训项目的运行，收集和处理来自各方面的意见与反馈，以保证培训计划有效实施。在承担上述职责的同时，人力资源部门还有一项非常重要的职责，就是全面学习如何培训，将外包机构的知识内化为企业内部的知识，实现知识的沉淀。

【微课堂】

> 某企业决定采取培训外包的形式对企业的中层领导开展一次管理能力提高的培训。请你结合所学知识，谈谈人力资源部门应该如何开展这次培训外包，具体实施步骤有哪些？每一个步骤应该注意哪些问题？

7.3 | 培训外包效果评估

培训作为企业内部人才培养的重要方面，对吸引、保留与激励员工具有举足轻重的作用。评估培训外包效果，一般旨在了解企业在员工外包培训方面所采取的策略、方法、手段及实施效果，并深入剖析企业在培训中所存在的主要问题，以利于寻求更佳、更有效的解决方案。

7.3.1 培训外包效果调研

调研一般采用问卷调查和实地访谈相结合、定量分析与定性分析相结合的研究方法，力求全面、系统地探析企业外包培训效果。

1. 问卷调查

其调查内容主要包括企业从业人员对所接受的外包培训的频度、培训内容、培训方法、培训效果的意见和从业人员对培训现状的看法及其对未来的期望。

问卷调查兼顾企业性质、企业规模、职位层级、教育背景、年龄结构等。在进行问卷收集时，培训管理人员应该多了解被调查者的信息，以利于分层次统计分析。

2. 实地访谈

访谈的内容包括培训需求分析方法、培训内容、培训方法、培训实施、培训效果评估等方面。实地访谈采用结构化访谈的方式，即以标准化的访谈提纲为基准，针对特质性问题进行深入访谈。

3. 定量分析与定性分析相结合

定量分析主要是根据培训目的制定一系列的培训效果测评指标，对参与培训的人员进行考核。根据考核结果，确定培训外包效果。

7.3.2 培训外包评估的内容

针对外包培训内容的评估，主要是了解培训课程的内容是否与企业和员工的需求相匹配。从企业本身来讲，培训管理人员要结合企业现存的问题和培训需求进行分析，观察和研究培训内容是否对解决企业问题和促进企业发展提供了助力。从员工方面来讲，培训管理人员要结合员工实际情况对培训需求进行分析，观察和研究此次外包培训的内容是否对员工技能的提高提供了帮助。

针对培训内容的评估，培训管理人员可以采用对企业主管领导层和员工展开问卷调查、访谈或者小组讨论的方式进行评估。

7.3.3 培训外包效果的分析

培训外包效果的分析主要包含以下内容。

（1）培训内容的分析。主要分析哪些员工应该接受哪些培训，接受培训后所产生的效果如何。

（2）培训方式与方法的分析。针对企业所属的行业特性和企业现实情况评价培训方式和方法的选择是否合理。值得关注的是，在培训方法上，企业是否采用了如演讲法、案例研讨法、导师制、教练制、情景模拟、行动学习法等传统的培训方法和新兴的培训方法相结合的形式。

（3）培训师资的分析。从培训师资来源看，他们是否是本行业资深专家、专职培训师、实战经验丰富的学院派培训师等。同时，培训师资是否具备专业知识扎实、授课形式多样、能够激发受训人员的学习热情与潜能，并且态度亲和、语言幽默、勤勉尽责等能力与特质。

（4）培训效果的评估。培训效果是被调查者做出培训选择的最重要的决定性因素，也是企业组织培训活动最为看重的结果。对于外包培训的效果，企业必须采取多角度、广范围的形式进行分析。

【微课堂】

　　某企业与培训外包服务机构签订了合同，将企业的培训任务交给培训外包服务机构来做。培训服务机构在开展相关培训时，受训人员对培训的评价并不高，也没有达到预期的培训效果。为此，企业领导层对培训外包产生了质疑，要求培训经理尽快找出原因。假如你是培训经理，你将从哪几个方面展开分析并采取哪些措施进行改善？

复习与思考

1. 什么是培训外包？培训外包有哪些益处和风险？
2. 培训外包如何实施？
3. 培训外包是如何运营的？每一步骤应该注意哪些问题？
4. 培训外包的效果如何进行评估？分几个方面进行评估？

知识链接

校企合作模式

校企合作是学校与企业建立的一种合作模式。随着人才竞争的日益激烈，大多数企业单靠自己的企业大学或外部培训机构不能够完全满足企业人才培养的需求，还必须借助高校的力量。因为高校的教师资源更丰富、素质更好、善于对受训人员进行更加深入细致的管理。企业将培训外包给高校，高校根据企业需求进行人才培养，校企双方通过互换各自具有优势的工作模块，可以实现资源的最优配置，利益共享。图7-4所示为某企业的校企合作人才培养机制，供读者参考。

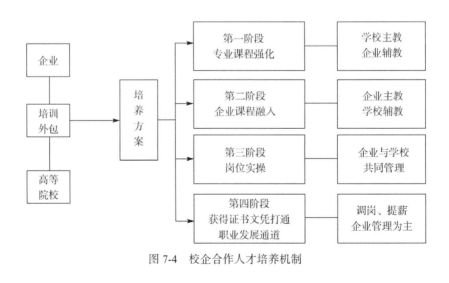

图7-4　校企合作人才培养机制

技能实训

实训内容：选择合适的培训外包服务商

假设你是某企业人力资源部门负责培训的工作人员，企业打算采用外包的培训方式，但不知道哪家培训机构好，人力资源部门经理委任你去做市场调查。要求：（1）设计一份"培训外包机构调查表"；（2）依据市场调查结果，做出决策并给出选择的理由（见表 7-2）。

表 7-2　　　　　　　　　　　　　培训外包机构调查表

序号	机构名称	成立时间	办公地址	优势	劣势	其他资质	备注

确定的结果：

选择的理由：

第8章 | 培训运营管理

【本章知识导图】

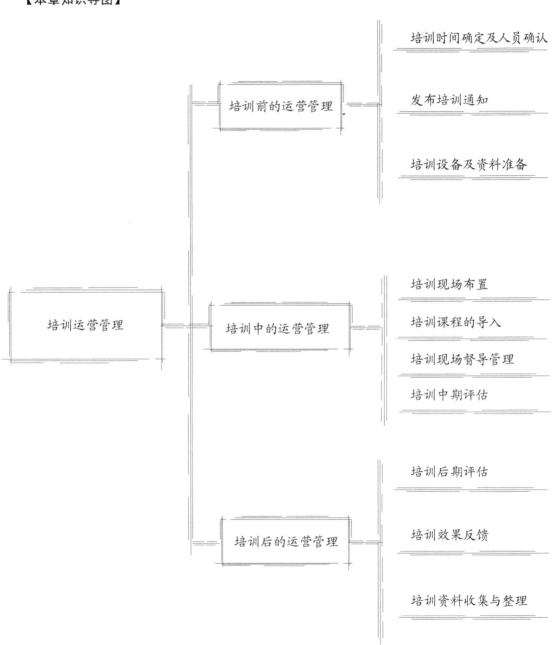

【学习目标】

职业知识	• 熟悉培训工作流程 • 知晓培训效果评估的工具和方法
职业能力	• 能够依据培训的评估结果合理调整培训计划 • 能够灵活运用评估工具对培训效果进行评估
职业素质	熟悉培训运营管理的相关知识，具备较强的沟通能力、问题发现与解决能力

在培训运营过程中，人力资源部门或受训部门因为准备不足、实施不善或执行不力而给整个培训增加了难度。企业需要利用科学的流程指导和开展培训活动。无论开展什么样的培训活动都需要做好充分的准备工作，同时在细节上把控进程。否则，在培训过程中，一些不利的问题或者困难会导致培训工作混乱、延误，达不到预期的培训效果。

培训运营相关事宜

8.1
培训前的运营管理

8.1.1 培训时间确定及人员确认

1. 培训时间确定

在确定培训时间时，由于培训人员及课程安排有所不同，因而需考虑培训时间长度、员工的工作状况等因素，并据此确定合适的培训时间。

2. 人员确认

企业在培训前，人力资源部门应该根据确定的培训对象统计并收集受训人员名单，以为后续工作做准备。

一般情况下，人力资源部门可以根据受训人员不同的部门和岗位制订受训人员名单统计表，并下发各部门；也可以通过企业内部网络传送电子版的受训人员名单，与部门确认后统计受训人员名单。

8.1.2 发布培训通知

通常情况下，企业可以通过发送备忘录、E-mail 或正式公文的形式通知相关人员参加培训。初次发送通知的时间应视情况而定。一般来说，应该提前 10 日左右发出培训通知，以便相关部门或人员做出必要的准备工作。然后，在培训开课前的 1~2 日内，还需发送一个提示通知。

培训开课通知的主要内容包括培训日期、培训时间安排、培训目的、培训方式、培训内容简要介绍、培训对象、预期培训效果、培训支持事项和注意事项等。

培训开课通知可以作为正式文件存档，在必要的时候，可以作为培训考核的依据。开课通知上必须明确参加培训的人员、培训地点和时间，这样可以作为培训实施效果的考核依据。

培训开课通知在起草时，行文可以直接指向参加培训的个人，也可以直接发送至其所在部门。培训事项的说明要具体、详细、准确，不准有遗漏。以下是培训开课通知示例，仅供参考，如表 8-1 所示。

表 8-1   培训开课通知示例

培训开课通知
_____部： 　　我企业培训中心___年第___期_____系列培训将于___月___日正式开始，计划于___月___日结束。拟安排以下人员参加培训。 　　1. 参训人员名单（略）。 　　2. 培训时间：___年___月___日至___年___月___日。 　　3. 集合时间：___年___月___日上午 8：30～9：00。 　　4. 培训地点：_____。 　　5. 受训人员须带物品：身份证、听课证、换洗衣物、洗漱用品等。 　　6. 如遇特殊情况，请联系会务负责人：_____；联系电话：_____。

8.1.3　培训设备及资料准备

1. 培训设备的准备

培训设备、设施准备的项目主要包括计算机、投影仪、激光笔、教具（教学模型）、黑板和白板、工具、培训师教材、录音、摄像设备、麦克风和电池、座位牌等。

设备、设施的准备应当把握 3 个原则，即不遗漏、不损坏和不陌生的"三不"原则，具体如图 8-1 所示。

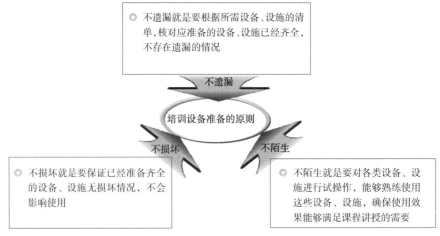

图 8-1　培训设备、设施准备的原则

2. 培训资料的准备

除了做好培训实施所需的设备、设施准备外，培训师还需做好培训资料的准备工作。

（1）培训资料的内容。培训资料包括在培训过程中要使用到的以纸张、硬盘等形式存在的同授课内容相关的材料。具体包括图 8-2 所示的 5 类文本材料。

（2）掌握"三全一准"原则。在准备文本材料时，应做到"项目全、内容全、数量全、表达准确"。

①"项目全"是指根据所需文本材料的清单，确保所准备的文本材料种类齐全，无遗漏。

1. 受训人员手册。
2. 视频音频资料。
3. 活动挂图。
4. 受训人员填写表格。
5. 其他说明性资料、讨论资料、测试文件等。

图 8-2　培训课程文本材料内容

② "内容全" 是指每一类文本材料的内容没有缺失，能够达到开展授课的要求。

③ "数量全" 是指对每类文本材料的数量进行清点，确保所需的份数符合要求。例如，受训人员手册人手一份，应确保总份数不低于总人数，并在此基础上多准备几份，以备不时之所需。

④ "表达准确" 是指培训师一定要认真核对文本材料的内容，确保表述准确、完整，不存在模糊不清和表达错误的情况。

【微课堂】

一些企业根据战略发展及其他方面的需要，会定期或不定期选派一些人员到企业外部进行培训。请问，选择外派人员应考虑哪些因素？

8.2 培训中的运营管理

培训中的运营管理基本包括培训现场布置、培训课程的导入、培训现场督导管理及培训中期评估 4 项内容。

8.2.1　培训现场布置

培训现场布置最重要的内容是确定布置形式，特别是座位的安排会直接影响培训效果。

1. 培训现场布置的注意事项

（1）培训现场的大小要根据受训人员的数量和培训的方法进行考察和选择。

（2）培训现场要留置供书写和放置资料的工作区域。

（3）检查灯光、空调设备是否正常运转。

（4）培训师的工作区域要有足够大的空间放置材料、媒体工具等其他器材。

（5）保证后排的受训人员可以看清屏幕和白板。

（6）检查近邻是否有干扰，如其他培训班、工作办公室等。

（7）检查休息室、饮用水、茶点等是否准备齐全。

2. 培训现场的布置形式

培训现场可用多种不同的方式加以布置，主要考虑的因素是必须满足培训效果的要求，且使受训人员感到舒服，使受训人员与受训人员、受训人员与培训师之间能够很好地互动交流，即培训现场的布置形式要比较灵活。一般情况下，培训现场的布置形式主要包括圆桌式、U字式和平行式3种，如图8-3所示。

形式1：圆桌式　　　　　　形式2：U字式　　　　　　形式3：平行式

图8-3　培训现场的布置形式

（1）培训计划安排需要受训人员分组时，或是受训人员较多时，应该采用圆桌式布置。此种形式便于让受训人员形成一个临时的团队进行讨论、演练或是游戏。但是，此种形式易形成与培训无关的"小圈子"私下交谈，不便于培训师控制课堂。

（2）U字式的现场布置有利于受训人员之间互相交流，培训师也可以方便地与每一位受训人员进行交谈，并进行巡视。

（3）平行式的现场布置适合非互动式的讲座型培训，受训人员比较容易阅读板书和观看投影影像。同时，此种形式可以充分地利用培训教室的空间，容纳较多的受训人员。

3. 培训现场其他内容的布置

培训现场其他内容具体包括授课工具，如纸、笔及其他道具、横幅、桌签、电源插座、方便使用的笔记本和茶歇等。

8.2.2　培训课程的导入

课程教学中的导入环节是整个课堂教学的有机组成部分，其重要意义不可忽视。培训课程的导入方法通常有以下5种。

1. 随意交谈法

培训师可以利用课程开始前几分钟和受训人员随意交谈，让受训人员在不知不觉中进入新课。这种方法过渡自然，能将受训人员从无意注意引向有意注意，加深对新课的印象，有助于培养和提高受训人员运用语言进行交际的能力。

2. 温故知新法

这种联旧引新、不落俗套地导入新的培训课程的方法，能激发受训人员的学习兴趣，使受训人员集中注意力于新的内容上。

3. 看图提示法

这是一种利用教学挂图、自制图片或简笔画，借助投影或其他多媒体技术等现代化教学手段吸引受训人员的注意力，然后围绕图片提出一系列问题，激发受训人员的求知欲，从而将其引入课程的导入法。展示图片和提问的方式要根据课程内容和培训师的意图而定，由浅入深，突出重点。

4. 创设问题法

创设问题是激发受训人员思维的一种有效方法。问题也会产生悬念效果。这样导入课程适当增加了趣味成分，引起了受训人员学习的欲望。

5. 多媒体导入法

目前，可利用的电化教学手段已非常丰富，培训师在导入课程时可以有选择性地使用多媒体技术，借助声音、颜色和动感画面增强教学的趣味性和吸引力。

培训过程中，培训师通过合理的过渡，激发受训人员愉快的情感，教学就能自然流畅，虽难亦易。每个环节的引入，要合情、合理、合时，还应注意以下几点。

第一，培训师要熟悉教材，把握教材中的转折点。

第二，培训师熟悉受训人员的个性。

第三，培训师要充分利用多媒体技术或现代化教学手段。

第四，培训师的语言要有趣味，有一定的艺术魅力，能引人入胜。

8.2.3　培训现场督导管理

在实施培训过程中，为了保证培训实施效果，企业培训部门应指定专人进行现场督导。培训现场督导人员的主要工作内容包括 5 个方面，如图 8-4 所示。

1. 做好培训主持工作
做好培训开场工作，如介绍培训师、培训议程、纪律宣告、饮食安排、培训中场休息、培训发言、培训结束致辞等。

2. 协助培训师进行培训
在培训实施过程中，跟课人员要帮助培训师下发培训材料、准备并调试培训设备、人员分组、数据统计等。

3. 为受训人员提供服务
在培训实施过程中，要做好主动所取受训人员提出的培训改进意见、安排好受训人员饮食等服务。

4. 处理突发事件
在培训实施过程中，跟课督导人员要及时处理一些突发事件，如培训师未按时到达培训场地、培训师的言辞激怒受训人员等。

5. 维持培训现场秩序
在培训实施过程中，跟课督导人员应及时制止受训人员的不规范行为，如抽烟、大声讲话等。

图 8-4　培训现场督导人员的主要工作内容

8.2.4　培训中期评估

培训中期评估是指对培训师在培训实施过程中的培训工作开展情况进行评估，有助于人力资源部门协助培训师控制培训过程，提高培训实施的有效程度。

1. 培训中期评估的内容

培训中期评估主要包括 7 个方面的内容，具体如图 8-5 所示。

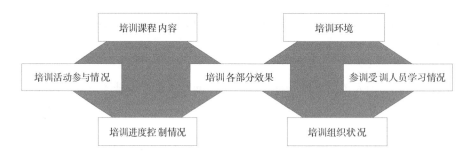

图8-5 培训中期评估的内容

2. 培训中期评估的工具

培训中期评估的工具为培训课程效果评估表，该工具由参训受训人员填写，有助于准确判断培训是否符合参训受训人员的需求，判断培训是否切实达到拓宽员工知识范围、提高员工技能、改善员工态度等目的。表8-2所示为培训课程效果评估表，供读者参考。

表8-2　　　　　　　　　　　　　培训课程效果评估表

课程名称：　　　　　　　　　　　课程时间：

培训师：　　　　　　　　　　　　培训方式：

	评估项目	很满意（5分）	满意（4分）	一般（3分）	不满意（2分）	很不满意（1分）
培训内容	课程内容与需求匹配度					
	课程内容编排合理性					
	理论知识讲解难易度					
	内容的互动性与生动性					
培训师	仪容、仪表整洁					
	课程时间的掌控程度					
	沟通技巧的掌控程度					
	激发参训受训人员兴趣度					
	对培训内容熟悉度					
	对培训工具运用熟练程度					
培训组织	培训时间安排合理性					
	培训现场服务水平					
	培训资料发放的及时性					
	培训工具和材料准备情况					

【微课堂】

1. 试谈培训过程中课程导入的要求。

2. 试谈几种培训签到的方式。

8.3

培训后的运营管理

培训课程结束并不意味着培训的结束，培训后的运营管理同样不容忽视。培训后的运营管理是对整个培训过程的梳理总结，不仅可以总结此次培训的效果，还可以为下一次培训提供经验教训。

8.3.1 培训后期评估

1. 培训实施评估

培训实施是通过组织培训师授课和受训人员学习，使受训人员掌握有关知识和技能的过程。在这一过程中，至少有 3 类人会影响培训实施的结果，即培训项目组织者、培训师和受训人员。在培训实施评估阶段，主要通过对培训师资、课程组织和受训人员满意度等方面进行分析，评估培训计划是否得到了有效执行。

2. 培训收益评估

任何培训项目的出发点都是为了改善企业绩效，进而获得更好的财务收益。对于企业高层管理人员而言，结果性的绩效改善和收益提高是他们判断培训项目价值的最终依据。培训收益评估阶段的主要目标是评估受训人员将培训所学知识技能应用于实际工作的程度，以及由应用带来的绩效改善。

一般来说，企业需要收集培训前和培训后的企业绩效数据，分析绩效变化并将其转化为财务数据，同时考虑项目成本和无形收益，最终获得培训项目的投资回报率。

8.3.2 培训效果反馈

培训结束后，培训组织的相关人员一定要与以下 4 类人员进行沟通。在沟通时，一定要做到无偏见且有效率。

（1）培训开发人员。培训开发人员需要这些信息来改进培训项目，只有在反馈意见的基础上进行调整，才能提高培训项目的质量。

（2）高层管理人员。高层管理人员是决策人物，决定着培训项目的未来。评估结果可为决策提供基础依据，最终与高层沟通确定该项目是继续还是取消。

（3）受训人员。受训人员应该知道自己的培训效果，并将自己的业绩表现与其他员工的业绩进行比较。与受训人员沟通有助于他们继续努力。

（4）受训人员的上级。当受训人员参加培训学习时，他们的直接上级可以将其工作做一些调整，并关注受训人员的培训情况。受训人员应与直接上级沟通，使上级清楚自己的培训效果。

8.3.3 培训资料收集与整理

在培训结束后，负责培训的部门应当注意收回相关资料。主要包括对参训受训人员的调查表、培训效果评估报告、培训实施计划方案、来自企业高层决策者的意见、本年度的培训资源分配计划、在培训实施计划中确定的培训课程资料等。

在资料收集完成之后，人力资源部门应注意资料的整理及保管，以便于培训效果的总结及为下一次的培训提供参考依据。

【微课堂】

在培训完成之后，企业需要对培训效果进行及时的转化，以最大限度地发挥培训项目的价值。请问，企业可采用哪些方法促使受训人员快速完成培训成果的转化？

复习与思考

1. 培训前运营管理的流程是什么？每一步应该注意的问题是什么？

2. 在培训时间的选择上，需考虑哪些因素？

3. 受训人员签到纪律管理，采取什么方法进行管理比较好？如果你是管理人员，如何管理？

4. 培训后运营管理的流程是什么？每一步应该注意的问题是什么？

5. 为评估培训效果，应收集哪些信息或资料？

知识链接

微课培训实施中的问题

移动互联网给企业培训的实施创造了便利条件，使其更快捷、有效。运用微课对员工进行培训便是其中的一种方式。为了更好地发挥这一方式的效用，至少需避免以下3个问题。

（1）缺乏体系，导致内容零散，不利于员工在实践中的应用迁移。

（2）在微课的讲解过程中，忽视对员工深度思考的引导。

（3）微课制作技术存在缺陷，影响员工的观看体验度。

技能实训

实训内容：培训前运营环节的任务分配

假设你是某企业人力资源部门负责培训的工作人员之一，为了做好培训前的运营管理工作，需要安排恰当的人员负责各种不同任务，现每五位一组，请讨论你们各自的任务安排和职责明细（见表 8-3）。

表 8-3　　　　　　　　　　培训前运营管理任务分配表

任　务	负责人	职责明细	注意事项
参训受训人员名单收集			
发送培训开课通知			
住宿餐饮安排			
培训所需物品及设备准备			

第9章 | 培训效果评估与转化

【本章知识导图】

培训效果评估与转化
- 培训效果评估
  - 培训效果评估的内容
  - 培训效果评估的主要模型
  - 培训效果评估的流程
  - 培训效果评估的方法
  - 培训效果评估的工具
- 培训效果转化
  - 培训效果转化的影响因素
  - 培训效果转化的过程
  - 培训效果转化的方法

【学习目标】

职业知识	• 明确培训效果评估的流程和方法 • 了解影响培训成果转化的因素及相应的对策
职业能力	• 能够熟练地运用各种类型的效果评估工具进行培训效果评估 • 掌握培训效果转化的各种原理与技巧，促进培训转化
职业素质	具有较强的执行力，具备良好的逻辑思维能力和分析解决问题的能力

培训作为一种人力资本投资，其是否促进绩效提高、效果如何衡量，一般较难通过直观的手段检测出来，这就容易使人们对培训的效果产生怀疑。所以，科学的培训评估对于了解培训的效果、界定培训对企业的贡献非常重要。

9.1 培训效果评估

9.1.1 培训效果评估的内容

对培训效果的评估，主要包括以下 4 个方面的内容。

1. 对受训人员的学习成果进行评估

对受训人员的学习成果进行评估主要是依据培训课程的教学目标，评价受训人员对培训内容的掌握程度。

2. 对培训组织管理进行评估

具体的评估项目有培训时间安排、培训现场环境、培训器材设施等。

3. 对培训进行评估

具体评估项目有课程内容设计、授课形式、培训方法及语言表达等。

4. 对培训效果效益进行的评估

具体评估项目有预算执行情况、投入产出比、培训取得的经济效益等。

9.1.2 培训效果评估的主要模型

在培训效果评估过程中，常用的培训效果评估模型主要有柯式四级评估模型、考夫曼五层次评估模型、菲力普斯五级投资回报率模型（ROI）、CIRO 评估模型和 CIPP 评估模型。

1. 柯式四级评估模型

柯式四级评估模型是由国际著名学者柯克帕特里克（Kirkpatrick）于 1959 年提出的。柯式四级评估模型是目前应用最为广泛的培训效果评估模型，这种评估工具较为实用。它不仅要求观察受训人员的反应和检查受训人员的学习效果，而且强调衡量培训前后受训人员的表现和企业经营业绩的变化。

表 9-1 所示是柯式四级评估模型各层级评估相关内容。

表 9-1 柯式四级评估模型各层级评估相关内容

评估层次	评估内容	评估目的	评估方法	评估时间
反应评估	课程主题、课程进度安排、培训师、课程内容、课程教材、培训场地设备与服务	评估受训人员对培训过程的满意程度	电话调查、问卷调查、观察法、访谈法	培训结束时
学习评估	同课程内容相关的知识、技能和态度	衡量受训人员学习效能	测验问卷、实地操作、观察评分、小组研讨	培训开始前、培训进行时、培训结束后
行为评估	知识、技能和态度在实际工作中的应用状况	了解受训人员在工作中对所学知识、技能和态度的运用程度	访谈法、问卷调查、360度评估	培训结束后3个月或半年
结果评估	数量、质量、效率、安全、成本等目标	测量培训对企业产生的经济效益	对比法、专家评估、趋势线分析、360度满意度调查	培训结束后半年或1年

2. 考夫曼五层次评估模型

考夫曼五层次评估模型是对柯式四级评估模型的扩展，考夫曼认为培训能否成功的关键在于培训之前对各种资源的获取。同时，考夫曼认为培训所产生的效果对企业本身和企业所处的环境都会带来效益，于是在柯式四级评估模型的基础上又加上了一个层级，即评估社会和客户的反应。考夫曼五层次评估模型如表 9-2 所示。

表 9-2 考夫曼五层次评估模型

评估层次	评估内容
可能性和反应评估	可能性因素是针对培训成功所必需的各种资源的有效性、可用性、质量等问题；反应因素旨在说明方法、手段和程序的接受情况和效用情况
掌握评估	评估受训人员的掌握能力情况
应用评估	评估受训人员在接受培训项目之后，在工作中知识、技能的应用情况
企业效益评估	评估培训项目对企业的贡献和报偿情况
社会效益评估	评估社会和客户的反应等情况

3. 菲力普斯五级投资回报率模型（ROI）

1996 年，菲力普斯（Phillips）提出五级投资回报率模型，该模型在柯氏四级评估模型的基础上加入第五个层级，即投资回报率。

第五层次评估是培训结果的货币价值及其成本，往往用百分比表示，重点是将培训所带来的收益与其成本进行对比，来测算有关投资回报率指标。由于投资回报率是一个较为宽泛的概念，可以包含培训项目的任何效益，这里将投资回报率看作培训项目的成本和效益相比后所得出的实际价值。五级投资回报率模型是目前比较常用的一种评估方法。

4. CIRO 评估模型

CIRO 评估方法由奥尔（Warr.p）、柏德（Bird.M）和莱克哈姆（Rackham）3 位专家提出，这种方法描述了 4 个基本评估级别，是由背景（Context）、输入（Input）、反应（Reaction）和输出（Output）4 个词的首字母组成的。

这 4 种评估级别分别对应于背景评估、输入评估、反应评估、输出评估收集 4 个阶段，它实际主张培训效果评估贯穿于整个培训工作流程，应与培训工作同步开展。CIRO 评估模型如表 9-3 所示。

表 9-3   CIRO 评估模型

阶段评估	阶段评估任务	任务说明
背景评估	确认培训的重要性	（1）收集和分析有关人力资源开发的信息 （2）分析和确定培训需求与培训目标
输入评估	确定培训的可能性	（1）收集和汇总可利用的培训资源信息 （2）评估和选择培训资源，并对可利用的资源进行利弊分析 （3）确定人力资源培训的实施战略与方法
反应评估	提高培训的有效性	（1）收集和分析受训人员的反馈信息 （2）改进培训运作程序
输出评估	检验培训的结果	（1）收集和分析同培训结果相关的信息 （2）评价与确定培训的结果

5. CIPP 评估模型

CIPP 评估模型是由背景（Context）、输入（Input）、过程（Process）和成果（Product）4个词的首字母组成的。这种方法认为评估必须从背景、输入、过程和成果 4 个方面进行。

这种方法与 CIRO 评估模型的不同之处包括以下两点：一是过程评估认为应该监控可能的失败来源或给预先的决策提供信息，以为培训评估做准备；二是成果评估中除了要对培训目标结果进行测量和解释外，还包括对预定目标和非预定目标进行衡量和解释，这个级别的评估既可以发生在培训之中，又可以发生在培训之后。CIPP 评估模型如表 9-4 所示。

表 9-4   CIPP 评估模型

阶段评估	评估说明
背景评估	该阶段评估的主要任务是确定培训需求以及设定培训目标。具体包括了解环境、分析培训需求、鉴别培训机会、确定培训目标等
输入评估	该阶段评估的主要任务是评估培训资源和培训项目。包括收集培训资源信息，评估培训资源，评估项目规划是否有效地利用了资源、是否能够达到预期目标以及是否需要外部资源的帮助等
过程评估	该阶段评估的主要任务是通过评估，为实施培训项目的人员提供反馈信息，以使他们能在后续的培训过程中进行改进和完善
成果评估	该阶段评估的主要任务是对培训是否达到预期目标进行评估。具体评估任务包括评估受训人员的满意度、知识和技能的增加情况、行为改善情况以及个人和企业绩效的提高情况等

9.1.3 培训效果评估的流程

培训效果评估的流程，主要包括培训需求评估、确定培训评估目标、设计培训评估方案、实施培训评估方案、反馈评估结果并撰写评估报告。

1. 培训需求评估

进行培训需求评估是培训项目设计的第一步，也是培训评估的第一步。实施培训需求评估首先要由评估人员重新进行培训需求分析，找出员工知识、技能、态度等方面的差距和不足，以确定培训的必要性和目标。

2. 确定培训评估目标

培训目标主要是界定培训要解决什么问题、使受训人员的某方面能力达到什么水平和具体的目标是什么等问题，它决定着评估项目和评估方法的选择。培训评估目标的实现程度是衡量培训效果的重要指标之一。

3. 设计培训评估方案

确定培训评估目标后，接下来的工作是设计培训评估方案。除了评估者的选择外，其中尤为重要的一项工作是评估内容及评估方法的确定。培训评估的内容主要包括培训效果的评估、培训工作人员的评估、培训内容的评估等。

4. 实施培训评估方案

培训评估方案确定后，就可以开展具体的评估工作了。

对于不同的评估层次，评估时间的选择也应该有所不同。如对于反应层的评估，一般在培训中或培训刚结束时进行调查，这样，可以避免因时间间隔较长导致受训人员忘记培训感受的情况，从而使调查数据失真；若从行为或结果层面考察，则一般可以选择在培训结束一段时间后（如3～6个月）进行，因为培训的效果真正作用于员工的实际工作需要一段时间。

当适时地收集到所需的信息和数据后，培训评估人员就可以开始对所收集的信息采用一定的方法和技术进行整理和分析，形成评估数据库。

5. 反馈评估结果并撰写评估报告

（1）反馈评估结果。培训评估结果一般需要反馈给参与培训工作的相关人员，具体如下。

① 培训部工作人员。培训部工作人员在得到反馈意见的基础上对培训项目进行改进，精益求精，提高培训水平。

② 管理层。管理层对培训工作的支持与否、培训项目资金投入的多少等直接影响培训效果。

③ 受训人员。受训人员明确自己的培训效果有助于受训人员取长补短，继续努力，不断提高自己的工作绩效。

④ 受训人员的直接领导。受训人员的直接领导通过培训评估结果，可以掌握下属培训的情况，以便于指导下属工作。同时，受训人员的直接领导可将培训评估结果作为对受训人员考核的参考依据。

（2）撰写评估报告。评估报告的内容和结构主要包括以下5个部分。

① 导言，即培训项目的概况、评估的目的和性质。

② 概述评估实施的过程。

③ 阐述评估结果。

④ 解释、评论评估结果并提出参考意见。

⑤ 附录，其内容主要包括收集评估信息时所采用的相关资料、图表、工具等，目的在于让他人判定评估人员的评估工作是否科学、合理。

9.1.4 培训效果评估的方法

培训效果评估的方法主要包括定性分析和定量分析两种。按具体形式的不同，定性分析的评估方法又可分为观察评估法、集体讨论法和问卷调查法；定量分析的评估方法又可分为成本—收益分析法、加权分析法。

1. 观察评估法

观察评估法，是指评估者在培训进行过程中和培训结束后，观察受训人员在培训过程中的反应情况和在培训结束后在工作岗位上的表现。评估者利用观察记录或录像的方式，将相关信息记录到培训过程观察记录表中。培训过程观察记录表如表9-5所示。

表 9-5　　　　　　　　　　　　　培训过程观察记录表

培 训 课 程		培 训 日 期	
观察对象		评估记录员	
观察到的现象		培训前：	
		培训后：	
观察结论			
其他特殊情况			

2. 集体讨论法

集体讨论法将所有受训人员集中到一起开讨论会。在会议上，每一个受训人员都要陈述通过培训学会了什么，以及如何把这些知识运用到工作中。这种方法一般在培训结束后采用，有时会以写培训总结或培训感想的形式来替代。

3. 问卷调查法

问卷调查法是借助预先设计好的问卷，在培训课程结束时向调查对象了解各方面信息的方法。此方法的关键在于设计一份有效的问卷，并按照调查对象和调查目的的不同进行设计。

4. 成本—收益分析法

成本—收益分析法是通过分析成本和培训所带来的各项硬性指标的提高，计算出培训的投资回报率，是最常见的定量分析法。这里涉及以下两个公式。

（1）培训收益计算公式。培训收益计算公式具体如图 9-1 所示。

培训收益＝$(E_2 - E_1) \times N \times T - C$

其中，E_2（E_1）表示培训后（前）每位受训人员的年效益，N 表示参加培训的总人数，T 表示培训效益可持续的年限，C 表示培训成本

图 9-1　培训收益计算公式

（2）投资回报率计算公式。投资回报率计算公式具体如图 9-2 所示。

投资回报率（ROI）＝（培训收益/培训成本）×100%

图 9-2　投资回报率计算公式

若计算出来的 ROI 值小于 1，表明培训收益小于培训成本，说明此次培训没有收到预期的效果，或企业存在的问题不是培训所能解决的。

该方法实施的前提条件是参训受训人员的年效益是可以量化的，对于那些年效益无法量化的受训人员，这种方法就很难操作。

5. 加权分析法

使用加权分析法须建立一个完整的评估指标体系，确定各项指标的权重（衡量指标重要程度的数据，所有权重之和等于 1）。

（1）每个指标分为 5 个等级（优为 5 分，良为 4 分，中为 3 分，合格为 2 分，不合格为 1 分）。

（2）就受训人员的某一方面进行全方位的调查，然后进行结果计算。

以下是对某位员工接受职业素质培训后运用加权分析进行培训评估的案例，如表 9-6所示。

表 9-6　　　　　　　　　　　　　　加权分析评估示例

指标权重＼指标等级	5分	4分	3分	2分	1分	单项指标得分
工作能力（0.2）	40%	25%	20%	10%	5%	0.77
知识理论水平（0.2）	30%	20%	25%	15%	10%	0.69
职业道德水平（0.2）	55%	20%	10%	8%	7%	0.816
敬业精神（0.4）	10%	60%	20%	8%	2%	1.472

注：表中评价结果用百分数表示，如40%表示40%的人认为该员工的工作能力得分为5分，即为优；单项得分=权重×∑（分值×百分比值）；最终评价结果=∑（权重×单项得分）；最终评价结果=0.2×0.77+0.2×0.69+0.2×0.816+0.4×1.472=1.044（分）。

9.1.5　培训效果评估的工具

在实施培训效果评估的过程中，借助一定的表单或模板，可以提高培训效果评估效率。以下是几种常用的培训效果评估工具。

培训评估工具，是指培训评估者对受训人员实施评估行为所选用的方法和工具系统，也就是评估借以实现的手段、方法和途径的总和。

我们常用的培训效果评估工具主要包括柯式四级评估模型所需工具（反应评估调查问卷、行为评估工具）、菲力普斯五级投资回报率模型所需工具（五级数据收集计划表、投资回报率数据分析计划表、受训人员培训结果评估表、培训成本分析表）。

1. 柯式四级评估模型所需工具

（1）反应评估调查问卷，如表9-7所示。

表 9-7　　　　　　　　　　　　　　某企业××培训反应评估问卷

某企业××培训反应评估问卷
为了解此次培训对您需求的满足程度，我们需要您花费几分钟的时间填写这份问卷，请务必填写您个人的真实感受，这对我们改进培训工作至关重要。谢谢配合！ 1. 您对此次培训相关课程的哪些讲解难以理解？（　　　　） A. 理论知识　　B. 案例　　C. 故事　　D. 游戏　　E. 其他，请说明 2. （可多选）您对培训师的哪些表现不满？（　　　　） A. 穿着打扮　　B. 讲课语速　　C. 语言表达　　D. 逻辑分析　　E. 其他，请说明 3. 您对此次培训的场地和资料是否满意？（　　　　） A. 是　　B. 否，请说明 4. 您认为培训安排的练习、讨论和活动占用的时间长短情况如何？（　　　　） A. 太长　　B. 长　　C. 适当　　D. 短　　（您认为恰当的时间为_____分钟） 5. 您对培训过程中使用的 PPT 展现形式的印象如何？希望得到哪些改进？ （1）印象： （2）改进： 6. 此次培训中让您最感兴趣的内容是什么？为什么？ （1）内容： （2）原因： 7. 您认为此次培训对您提高工作效率和解决工作中实际问题提供的帮助在于（　　　　）。 A. 帮助拓展解决难题的思路　　　　　　　　B. 提供解决问题的有效工具和方法

某企业××培训反应评估问卷
C．激发自己去了解其他相关的知识　　　D．需要反思自己的态度或能力，取得进步
E．其他，请说明
8．您认为今后的培训课程安排应该在哪些方面改进？（　　　）
A．提高课堂趣味　　　　B．培训师放慢语速，增加逻辑分析环节
C．增加案例分析　　　　D．增加故事讲解
E．减少理论知识　　　　F．增加讨论和游戏等互动环节
G．其他，请说明

（2）行为评估工具，如表 9-8 所示。

表 9-8　　　　　　　　　　　　　　行为评估工具

受训人员填写内容			
姓名		部门	
培训组织部门		培训时间	
培训内容			
受训人员所在部门负责人体系内容			
该受训人员在日常工作中是否运用培训中学到的技能？请举例说明。			
您是怎样督促该受训人员运用培训所学技能的？			
通过此次培训，该受训人员的工作绩效有何改进？			
您对培训工作有何意见和建议？			
部门负责人签字		日期	

2．菲力普斯五级投资回报率模型所需工具

投资回报评估方法有许多评估工具，以下是五级数据收集计划表、投资回报率数据分析计划表、受训人员培训结果评估表、培训成本分析表。

（1）五级数据收集计划表，如表 9-9 所示。

表 9-9　　　　　　　　　　　　　五级数据收集计划表

项　目　名　称			培　训　对　象			
数据收集负责人			计划收集日期			
数据级别	数据内容	衡量标准	数据来源	收集方法	收集人	监督人	收集时间
一级	满意度						
二级	学习结果						
三级	培训应用						
四级	培训影响						
五级	投资回报率						
备注							
审核人			填表日期			

（2）投资回报率数据分析计划表，如表 9-10 所示。

表 9-10　　　　　　　　投资回报率数据分析计划表

培训项目名称		培训对象	
责任人		填表日期	
数据分析日期		___年__月__日至___年__月__日	

编号	数据	培训效果评估方法	数据转换货币价值的方法	成本项	无形效益	备注
1						
2						
3						

（3）受训人员培训结果评估表，如表 9-11 所示。

表 9-11　　　　　　　　受训人员培训结果评估表

受训人员姓名			填表日期		
受训人员岗位			受训人员所在部门		
课程基本情况	课程名称				
	开课时间				
课程过程评估	出勤情况			评分标准	
	参与程度			4分（很好）	
	理解程度			3分（较好）	
	动手能力			2分（一般）	
	测试结果			1分（较差）	
课程跟踪评估	该培训项目内容对员工岗位工作的指导成效				
	很有效		有效	一般	无用
实践应用概述：					
受训人员签字		部门经理签字		培训师签字	

（4）培训成本分析表，如表 9-12 所示。

表 9-12　　　　　　　　培训成本分析表

培训项目名称			填表日期	
责任人			审核人	
成本类	编号	细目	费用（元）	总计（元）
培训需求分析成本	1			
	2			
培训内容设计成本	1			
	2			
培训资料采购成本	1			
	2			
培训实施成本	1			
	2			
培训效果跟踪管理成本	1			
	2			
备注				

【微课堂】

> 1. 柯式四级评估模型各层次评估的内容是什么？
> 2. 如何做好培训效果评估？

9.2 培训效果转化

9.2.1 培训效果转化的影响因素

培训是企业对未来最有效益的投资。纵观 IBM、松下、西门子等世界众多知名企业，培训已渗透企业运营管理的方方面面，成为企业在激烈的市场竞争中增强竞争力、提高绩效、提高职工专业技能和综合素养、实现整体战略规划的重要途径和手段，被公认为是最为有效、最直接和最有价值的投资。

然而，我国目前很多企业的培训工作仍处于摸索、学习的初级阶段，就效果而言可谓是"水过无痕"，使管理人员对培训投入失去了信心，人力资源部门陷入培训工作的尴尬，同时也使受训人员承受着被动参与却劳而无获的无奈。缺乏效果转化的培训是无效的，究其原因，有以下8 个关键因素制约或阻碍了企业培训效果的转化，企业应予以高度重视。培训效果转化的影响因素有 8 个，具体内容如图 9-3 所示。

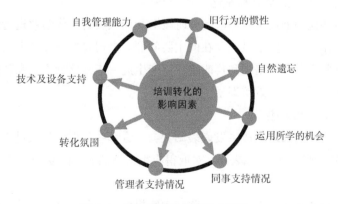

图 9-3 培训效果转化的影响因素

可见，培训转化的效果如何受到的不仅是几个或者孤立的因素的影响，而是受到较多因素的影响，这就需要培训组织和管理人员在培训成果转化的过程中，采取措施降低阻碍因素的消极影响，同时创造良好的支持环境和转化氛围。

9.2.2　培训效果转化的过程

培训效果的转化一般包括以下6个步骤。

1．将课程内容转化成受训人员的理解与心得

要求受训人员在培训的某一节点撰写培训心得总结，看其对培训内容理解得如何，领悟有多深，并且规定在心得总结里包含以下内容：从培训课程中提炼出关键词、关键句、关键理念、关键课程内容、关键重点等。

2．将受训人员的理解与心得结合工作现状转化成工作改进计划

要求受训人员思考如何将提炼出的关键词、关键句、关键理念、关键课程内容、关键重点准备应用在今后的工作中，并检查现阶段受训人员存在的不足有哪些，用书面方式一一列明，找出工作症结和问题所在。然后结合日常工作，形成书面改进计划，一式三份，一份交直接领导，一份交人力资源部门，一份留给自己在今后工作中对照检查执行。

3．将工作改进计划转化成可持续的工作改进行动

要求受训人员将书面的工作改进计划，一步一步去落实，并迅速采取行动。同时，要求改进计划实施所涉及的部门和相关人员对受训人员进行督导，同时要检查受训人员平常在工作中做得好不好、对不对，态度有没有改变，行为有没有改变，改进的效果如何。直接领导和人力资源部门要派专人督促和检查并予以过程辅导，使受训人员保持和形成持续改进的工作局面。

4．将工作改进行动转化成工作绩效

要求受训人员在工作改进行动过程中，将学到的知识、理念、技能进行消化和实施执行。受训人员这时需要关注3个方面：培训师讲到的内容受训人员能做到多少？自己感悟和提炼出来的能做到多少？在工作中产生了哪些业绩？受训人员要从工作数量、质量、成本、时间、速度等维度进行提炼，以确认工作绩效，做好绩效评估和绩效面谈检讨。

5．将工作绩效进一步评价和深化，进行再学习

要求受训人员和他的上司坐在一起，分阶段对受训人员的工作绩效进行评价、绩效面谈和反馈，共同找出工作中的一些不足和存在的主要问题。上司要帮助受训人员进行总结和提炼，受训人员还需要哪些方面的再培训和再改进，以产生进一步的培训主题和新的课程内容，然后形成新的培训计划，再进行有效培训学习。

6．培训成果认定和发表

要求定期组织企业内部培训成果发表表彰大会，看哪些受训人员通过学习，将培训成果转化的比较好，并进行评价、认定和表彰。对取得有重大培训成果的受训人员，要以晋升、加薪、榜样示范等方式予以鼓励。

总之，培训成果要转化，以上6个步骤为大家提供了一种较好的方式。同时，也需要企业培训组织者设计出更好的培训管理制度，实施有效果的培训，搭建良好的内部培训师队伍，群策群力，集思广益，不断深入和持续实施，从而使企业取得良好的培训效果，提高企业核心竞争力，打造真正的学习型企业。

9.2.3　培训效果转化的方法

培训效果转化方法一般有 7 种，具体内容如下。

1.　过度学习

过度学习理论是由德国著名的心理学家 H·艾宾浩斯提出的，主要含义
是一个人要掌握所学的知识，一定要经常提醒自己通过反复练习才能得到巩
固。也就是说，受训人员在培训结束后，要不断对所学知识进行回顾和练习。
但是，过度学习并不等同于毫无限度的"超额学习"。

培训效果转化的
方法

2.　将培训内容与工作相结合

将培训内容与工作结合是最有效的培训效果转化方法之一。这种结合，
一方面可以强化受训人员对培训内容的理解，另一方面受训人员可以根据培训所学内容改进个
人的工作方式，提高工作效率。

3.　行动计划

所谓行动计划是指培训结束后，受训人员在将培训效果转化为实际产出时有一个完善的行
动步骤，包括行动目标、所需资源等。行动计划的制订需要培训师、部门经理与个人共同参与。
特别是计划的实施离不开部门领导的监督与支持。

4.　多阶段培训方案

多阶段培训方案是将一次培训活动所讲授内容分成若干部分，在每个阶段结束后，由培
训师测评受训人员掌握及应用情况，然后再进入下一阶段的学习。但是，此种方法历时较长，
易受干扰。

5.　使用绩效辅助物

所谓使用绩效辅助物，是指将受训人员对培训内容的应用状况列入绩效考核中，作为绩效
考核指标之一，以此激励员工将知识转化为技能，提高工作效率。

6.　培训的后续资源

培训的后续资源是指负责培训的相关部门及时将培训课件、光盘等资料发给每一位受训人
员，同时推荐一些与培训内容相关的其他资料。

7.　营造一个支持性的工作环境

许多受训人员没有将培训效果进行转化的原因主要有两个方面：一方面是缺乏应用培训成
果的工作环境；另一方面是缺乏来自同事和领导的支持。没有一个支持性的环境，受训人员自
然没有通过培训改变工作方式的动力。

【微课堂】

　　1. 培训效果的转化会受到哪些因素的影响？
　　2. 除了上文中提及的培训效果转化的方法外，你还了解哪些培训效
果转化方法？

复习与思考

1. 培训评估模型有哪些？它们的主要内容分别是什么？
2. 培训评估的方法有哪些？其优缺点是什么？
3. 培训效果评估工具有哪些？如何进行受训人员培训评估？
4. 培训效果的评估流程有哪些？有哪些需要注意的事项？

知识链接

9种常见培训项目可考虑采用的效果评估指标

1. 新员工培训

员工按期转正率、离职率、岗位技能达标率。

2. 骨干人才培训

继任人才的比例、上岗率、晋升情况、工作绩效水平和领导的评价、胜任度测评结果等。

3. 企业文化培训

离职率、流动率、违规事件、敬业度/士气评估等。

4. 职业素养类培训

行为观察与评估、投诉率、培训满意度、员工满意度、压力测评等。

5. 内训师的培训

开发课程数、认证培训师数、平均授课得分、授课量。

6. 领导力/管理能力的培训

行动学习项目成果、测评报告、员工满意度、访谈结果、绩效提高、面对复杂情况处理能力的评估。

7. 生产技能的培训

增加提案数量、节约成本金额、良品率/次品率。

8. 销售技能培训

销售业绩、利润率、回款率、销售周期、指标达标情况。

9. 研发技能培训

核心专业技能达标率、技能评比结果、不良事故率、开发周期、下游客户满意度、成本节省/利润提高等。

技能实训

实训内容：编制一份培训效果调查表

假如你是某企业人力资源部门负责培训的工作人员，企业刚刚做完一次培训，但不知这次培训的效果如何，人力资源部经理委派你做一份培训效果调查表。评估的内容主要包括培训课程、培训师、培训工作环境、培训工作安排 4 个方面。另外，还要设计受训人员认为这次培训对个人能力的提高、需要改进的地方、还需要哪些培训等栏目。请将表 9-13 中的空余部分填充完整。

表 9-13　　　　　　　　　　　培训效果调查表

评估内容	评估指标	评分标准	得分	总计
培训课程	课程难易度	课程很容易理解和吸收（10 分）		
	课程针对性	课程正是工作需要的知识（10 分）		
培训师	专业知识	培训师的专业知识很强（10 分）		
培训环境				
培训工作安排				
对个人能力提高				
培训改进建议				

第 10 章 不同类型人员培训与开发技术

【本章知识导图】

【学习目标】

职业知识	• 了解各类人员培训内容及实施流程 • 了解各类人员开发管理的相关知识
职业能力	• 能够合理运用员工培训需求，设计培训内容 • 能够根据各类人员的开发需求选择合适的开发方法
职业素质	熟悉所在行业的员工开发需求，具备较强的沟通能力和分析能力

鉴于人员所在部门职能的差别、岗位职级的差别、工作经验的差别、人才培养的差别对培训体系建设提出的要求，企业应该综合考虑、有针对性地设计各类人员的培训与开发体系。

10.1 新员工培训与开发

不管企业属于何种类型、企业规模大小及采取何种经营管理方式，都会涉及新员工培训与开发。新员工培训也称入职教育、上岗引导培训和职前培训，是指针对新进人员、到新岗位任职的员工开展的培训。

10.1.1 了解新员工培训需求

新员工是增添企业活力的重要元素。他们具有学习能力强、思维活跃等特点，基于此，他们又有哪些特定需求呢？概括起来，可以归纳为图 10-1 所示的 3 个方面。

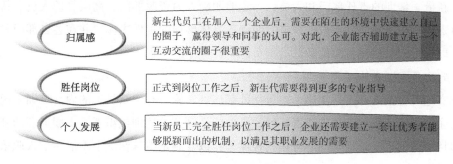

图 10-1 新员工培训需求

10.1.2 新员工培训内容设计

1．确定培训目标

对新员工培训而言，其培训目标主要包括以下 3 个。

（1）熟悉企业，增强对企业的认同感和归属感。

（2）熟悉工作，对工作产生兴趣。

（3）掌握岗位所需的基本技能和专业技能，提高自身的工作效率。

2．新员工培训内容

新员工培训内容主要涉及 4 个方面。

（1）融入企业组织的培训。内容包括文化融入、团队融入和工作环境融入，目标是将新员工培养成企业人。实施者包括总经理、行政部门经理、人力资源部门经理。

（2）职业化培训。内容包括知识和技能的应用、对待工作的态度、对待职业的责任感、职场中的规则等职业态度、职业意识的培训。实施者包括总经理、部门经理、优秀员工。

（3）岗位技能培训。内容包括岗位职责要求、岗位使命、岗位上下级关系、岗位基础知识等，是为新员工上岗做技能方面的准备。实施者包括部门经理、部门主管、优秀员工。

（4）职业发展培训。主要是向新员工展示企业的职业发展通道，对新员工做职业发展规划方面的培训。实施者包括培训部门经理、人力资源部门经理。

10.1.3　新员工培训运营实施

新员工培训运营实施的主要工作包括培训资料的准备、培训后勤保障管理以及培训实施过程控制等。

1．新员工培训资料的准备

新员工培训资料主要包括员工手册、部门内部培训教材等。其中，员工手册是新员工入职培训的必备教材，部门内部培训教材主要有各部门岗位说明书、专业技术文档等，其他还包括新员工培训须知等。

2．新员工培训后勤保障管理

培训后勤保障工作主要包括培训相关人员的生活安排、培训器材的准备、培训场地管理等。新员工培训不是企业人力资源部一个部门的事情，需要企业所有相关部门的配合。

对于新员工培训的责任部门和人员，一定要明确人力资源部门、高层管理人员、新员工所在部门负责人、相关部门负责人的职责，明确各具体事项的责任主体，并在各自部门和岗位的考核中予以体现，以保证各岗位和部门担负起各自应尽的职责。

3．新员工培训实施过程控制

培训实施既包括内部培训实施，也包括外部培训实施。对于新员工的内部培训来说，实施过程中需注意明确入职培训的主要责任区，是部门经理还是培训组织者；入职培训的基本要求标准，包括培训内容、培训时间、考核的控制等；以及制定特殊情况下不能参加入职培训的解决措施。

相比较而言，外部培训的实施风险更大。一般，外部培训实施要求申请员工填写《员工外出培训申请表》，经部门同意后报人力资源部门或培训部门审核；还需要签订培训合同，明确企业与员工双方的权利与义务。同时，要注意外出培训最好不要影响工作。

10.1.4　制订新员工培训实施计划

新员工包括新进员工、转岗员工以及新晋管理人员等，其中企业对新员工的培训也主要集中在对新进应届毕业生以及新晋管理人员的培训上。下面以新进应届毕业生培训计划为例阐述新员工培训计划的制订。应届毕业生培训计划如图10-2所示。

某企业应届毕业生培训计划

1. 目的

（1）根据应届毕业生的特殊需求制订科学合理的培训计划。

（2）通过执行合理的培训计划使应届毕业生能够迅速地适应工作与环境。

2. 培训目标

应届毕业生的培训目标包括以下 3 个。

（1）熟悉企业，对企业产生兴趣并建立忠诚度。

（2）熟悉本岗位的工作，对工作产生兴趣并形成偏爱。

（3）掌握基本的工作技能和专业技能，尽早达到企业期望的工作绩效。

3. 培训内容

在应届毕业生培训计划中，培训课程一般包括以下 4 个方面的内容。

（1）企业文化和核心价值观培训，包括企业发展历史、发展战略、经营理念、组织结构、文化、各种规章制度等。

（2）熟悉工作岗位和工作环境，包括工作中企业内外部主要工作联系部门和人员介绍、工作岗位职责要求、部门同事及工作流程等。

（3）职业素养培训，包括沟通技巧、时间管理技巧、团队管理、工作角色的转变、目标管理、问题分析与解决、商务礼仪等。

（4）基本技能培训，包括如何与顾客沟通，如何进行文件的管理，如何使用复印机、扫描仪、传真机等。

4. 培训师的选择

在对应届毕业生进行培训时一般实行导师制，即指定其部门内部固定人员作为其导师负责其对企业、业务及环境的熟悉，同时，人力资源部门经理、部门主管等同时肩负着培训责任。

培训负责人制订培训计划时需要考虑合适的培训人员。

5. 新入职应届毕业生培训时间及计划安排

应届毕业生的培训时间一般在其投入岗位开展工作之前，并按照周、月、季度制订工作计划。

6. 培训形式

应届毕业生的培训形式采取以面授为主、以网络学习为辅的方式进行。

7. 培训考核

培训负责人需要在应届毕业生的培训计划中确定培训考核的内容，考核内容根据其培训内容而定，考核时间应在其实习期或试用期即将结束时举行。应届毕业生的培训考核由企业人力资源部门统一组织进行。

图 10-2 应届毕业生培训计划

【微课堂】

新员工培训实施大多采用内部培训的方式进行，其实施过程中可能会遇到一定的问题。请对其中的问题进行简要说明。

10.2

骨干人员培训与开发

10.2.1 骨干人员开发需求分析

企业骨干人员，是指在企业发展过程中提供其高超的专业素养和优秀的职业操守，已经或者正在为企业做出卓越贡献的员工；以及由于他们的存在而弥补了企业发展过程中的某些空缺或者不足的员工。骨干人员开发需求分析主要包含以下内容。

骨干人员培训的
三个问题

1. 了解目前企业骨干人员开发运行状况

通过对企业目前培训与开发工作状况的分析，可以了解企业骨干员工对企业开发工作的满意度，现有的培训开发体系对于企业骨干员工职业生涯发展以及绩效提高有多大的帮助，从而为进一步发掘骨干员工的开发需求奠定基础。

2. 明确骨干员工对各项培训要素的具体要求

在现有培训与开发的基础上，进一步了解骨干员工对于培训与开发工作的具体要求，为培训与开发体系的设计提供依据。

3. 评价骨干员工的胜任素质

在骨干员工开发需求调查中，对员工胜任素质特征的需求评价是非常重要的。胜任素质特征是指将某一工作中有卓越成就者与表现一般者区分开来的个人特征。企业通过对不同岗位的骨干员工胜任素质的分析与评价，进一步确定各种胜任素质的需求程度排序，从而为开发课程的设计提供支持。

10.2.2 骨干人员培训内容开发

骨干人员培训内容主要包括工作技能培训、创新能力培训、团队精神培训、时间与个人效率培训、形象与心理培训等。

1. 工作技能培训

工作技能培训是为了使骨干员工更好地完成本岗位工作，提高骨干员工的业务工作能力的培训。

2. 创新能力培训

创新能力培训旨在提高骨干员工开拓思想、打破成规、勇于创新的能力，是为了使员工能够创造性地开展本职工作，从而促进整个企业核心能力的提高。

3. 团队精神培训

团队精神培训是通过集体活动，使骨干员工在共同学习、共同生活、协同解决问题的过程中提高员工对集体的认知程度，从而达到提高团队凝聚力的培训活动。

4. 时间与个人效率培训

有效使用时间和提高个人工作效率，对企业或个人来说都是要极力追求的目标。时间与个人效率培训是旨在提高个人的时间观念和工作效率，以改善个人行为为目的的培训。

5. 形象与心理培训

形象与心理培训是为了保证企业和员工外在及内在的健康而进行的培训活动。

10.2.3 骨干人员培训计划实施

1. 骨干员工培训课程设置

（1）骨干员工培训课程的排定。课程的排定须注意相关课程间的先后顺序，以循序渐进的方式、由浅入深的原则，让受训人员了解培训的内容。

（2）骨干员工培训课程有以下特性。

① 完整性。课程的内容、进度和程序要配合培训目标，使其完整和统一。

② 动态性。课程是动态的生活经验和活动。

③ 联系性。课程的联系性包括纵向的联系性和横向的联系性，前者指相同学科的衔接，后者指不同学科的配合。

（3）骨干人员培训课程开发的步骤。骨干人员培训课程开发的步骤主要包括课程决策、课程设计、课程改进和课程评鉴。

2．培训方式的选择

企业对骨干人员的培养，可采用"在线学习+工作历练+导师辅导+拓展训练+参观学习"的多元化培养模式，围绕企业高潜力人才应具备的知识和能力，设置一系列知识优化、能力提高和素养修炼的课程，借助 E-learning 平台进行理论知识的学习，并在导师的指导下进行实战工作转化，以达到完成培训目标的目的。

（1）在线学习。按培训计划设置相关课程，通过 E-learning 在线学习平台进行受训人员管理（按照部门、培养对象的岗位进行划分）、课程管理（设置必修课、选修课）、课程进度管理（可以细化到每个培养对象的课程进度、学习时间）、课程评估（每个课程设计 A、B 两套试卷，可对试卷的内容进行编辑，系统自动判卷）等。

（2）工作历练。工作历练主要是指让受训人员主导相关工作项目，通过实际工作历练，促进理论与实践相互结合。项目结束后进行工作案例分析，检验其学习成果。

（3）导师辅导。导师在每次课程后与受训人员沟通学习、掌握的情况，并制订改进和实践计划，针对课程所获知识点及欠缺知识点安排相关工作进行改进，强化受训人员掌握所学内容。

（4）拓展训练。对受训人员适当安排拓展训练机会，加强受训人员之间、受训人员与导师之间的沟通和融洽，提高团队的凝聚力与合作能力。

（5）参观学习。组织培养对象进行一次对优秀企业的参观学习，使其感受不同的管理氛围，扩大受训人员的工作视野。

【微课堂】

企业骨干人员是指在企业各部门工作的开展中所必需的人才，因此在骨干人员培训内容及方法的选择上应与其他类别的员工有所区别。请结合技术骨干人员的特点，简要说明技术骨干人员的培训内容及可采用的方法。

10.3 管理人员培训与开发

管理人员包括基层管理人员、中层管理人员和高层管理人员 3 类。

基层管理人员，是指在企业生产、销售、研发等生产经营活动的第一线执行管理职能的管理人员。中层管理人员，是指处于高层管理人员与基层管理人员之间的一个或若干个中间层次上的管理人员；他们是企业管理团队中的中坚力量，起着承上启下的作用，对上下级之间的信息沟通负有重要的责任。高层管理人员，是指对整个企业的管理负有全面责任的人，他们的主要职责是制定企业的总目标、总战略，掌握企业的大政方针，并评价整个企业的绩效。企业高层管理人员的作用主要是参与重大决策和全盘负责某个部门，兼有参谋和主管的双重身份。

10.3.1 管理人员开发需求分析

考虑到每一层次管理人员的工作职责、工作范围及管理幅度的不同，企业在分析管理人员的开发需求时也应当各有侧重。

1. 基层管理人员开发需求分析

基层管理人员的开发需求分析重点是个人能力分析，从基层管理人员必备能力的角度评估其现有能力的水平，从而分析其开发需求的培训重点。

基层管理人员开发需求分析可以通过问卷调查的方式展开，要针对基层管理人员现有表现进行调查，由基层管理人员本人、上级、同级来打分，调查结果可作为开展培训的参考资料。

2. 中层管理人员开发需求分析

中层管理人员开发需求分析主要包括中层管理人员组织分析、中层管理人员工作分析、中层管理人员个人分析3个部分。

（1）中层管理人员组织分析。中层管理人员组织分析主要从宏观角度出发，考虑企业的经营战略目标，保证中层管理人员的培训开发符合企业的整体目标与发展战略。

（2）中层管理人员工作分析。中层管理人员工作分析主要是让人们了解有关职务的详细内容及岗位任职资格条件，其结果也是设计和编制培训课程的重要资料来源。

对工作任务和工作职责的分析是工作分析的一项重要内容，具体操作时可借助调查问卷或访谈的形式来收集开发需求信息。另外，由中层管理人员根据自己的工作情况和要求撰写的工作总结或述职报告，也是确定开发需求的信息来源之一。

（3）中层管理人员个人分析主要从以下3个方面进行。

① 个体特征分析。个体特征分析可以从中层管理人员的性别结构、年龄结构、知识结构、专业结构、性格特征、管理风格等方面进行分析。

② 个人能力分析。中层管理人员应具备计划组织能力、协调控制能力、决策能力等。对其他能力方面的开发需求进行分析，一方面可以通过其工作表现来分析（较直观的信息来源是员工的绩效考核记录），另一方面也可以以问卷调查表的方式来获取部分信息。

③ 职业生涯规划分析。职业生涯规划分析主要通过分析中层管理人员对自身工作岗位的认识和对未来的个人发展要求，进而确定培训需求。其信息来源可以有多种渠道，如参阅人力资源部门存档的员工个人资料获取信息，或者采用访谈的形式获取员工职业生涯规划的相关信息。

3. 高层管理人员开发需求分析

高层管理人员培训与开发主要针对企业现任高级管理人员以及有可能进入企业高层的有潜质的优秀管理人员。

对高层管理人员进行开发需求分析，仍然可以从组织、职务、个人3个层面进行。开发需求分析的方法主要有访谈法、讨论法、考察法、问卷调查法等。高层管理人员访问提纲示例如表 10-1 所示。

表 10-1 高层管理人员访问提纲示例

访 问 对 象	访 问 大 纲
高层管理人员的上级领导	您对企业高层管理人员的总体评价是什么
	从企业需求角度出发，您理想中的高层管理人员是怎样的
	您认为或期望这些高层管理人员应该在哪些方面得到提高
高层管理人员的同事	您与哪些同事经常有工作上的联系
	您觉得该高层管理人员在工作中有哪些地方需要改进
高层管理人员本人	您在工作中是否觉得压力过大，有哪些现象可证明
	您在工作中最大的难题是什么，目前是否已经解决
	对于下属员工的发展，您采取了哪些措施
	您在工作中如何管理绩效不好的下属
	您认为企业现有管理制度存在哪些不健全的地方
高层管理人员的下属	举例说明您的上司给您工作上的指导情况
	若生活上或工作中遇到困难，您会向谁寻求帮助

10.3.2 管理人员培训内容开发

管理人员培训内容是在综合分析组织、职务以及个人特点 3 个层面内容的基础上得出的，各层级管理人员培训的具体内容如下。

1. 基层管理人员培训内容

基层管理人员培训内容如表 10-2 所示。

表 10-2 基层管理人员培训内容

受训人员	培 训 目 的	培 训 项 目	培 训 内 容
基层管理人员	基层管理人员培训的主要目的是提高其管理与领导能力及实际的工作技能	基层管理人员的角色认知	（1）管理人员的角色、地位与责任 （2）基层管理人员的人员素质要求
		管理技能培训	（1）团队建设与管理 （2）计划与控制、沟通与协调 （3）员工培训与激励 （4）员工绩效管理 （5）员工安全管理 （6）人员工作调配 （7）如何改进员工的工作表现
		管理实务培训	（1）生产计划的编制与控制 （2）如何进行成本控制 （3）质量管理

2. 中层管理人员培训内容

中层管理人员培训内容如表 10-3 所示。

表 10-3 中层管理人员培训内容

受训人员	培训目的	培训项目	培训内容
中层管理人员	中层管理人员培训的主要目的是提高其管理能力与业务能力，具体内容还须根据其晋升需求进行设置	企业环境分析	（1）企业战略 （2）企业目标 （3）企业组织结构与决策流程
		业务管理能力	（1）专业技术知识 （2）如何纠正工作偏差 （3）目标管理 （4）项目管理 （5）时间管理 （6）会议管理 （7）组织管理 （8）冲突管理 （9）职业生涯规划
		领导艺术	（1）沟通技巧 （2）如何有效授权 （3）如何激励 （4）如何指导和培养下属 （5）高效领导力
		团队管理	（1）学习型组织的建立 （2）定编定员管理 （3）团队合作与工作管理

3. 高层管理人员培训内容

高层管理人员培训内容如表 10-4 所示。

表 10-4 高层管理人员培训内容

受训人员	培训目的	培训项目	培训内容
高层管理人员	高层管理人员培训的主要目的是提高其全局观、知识结构、理念与管理能力及领导技能等	企业环境	（1）国内及全球经济和政治 （2）企业所处的经营环境分析 （3）企业所属行业发展研究 （4）相关法律、法规及各项政策学习
		企业战略发展研究	（1）企业面临的机遇与挑战 （2）企业核心竞争力研究 （3）如何制定企业的发展战略
		企业现代管理技术	（1）人力资源管理 （2）生产管理 （3）财务管理 （4）质量管理 （5）信息管理
		领导艺术	（1）团队管理 （2）目标管理 （3）员工激励 （4）如何有效沟通

续表

受训人员	培训目的	培训项目	培训内容
高层管理人员	高层管理人员培训的主要目的是提高其全局观、知识结构、理念与管理能力及领导技能等	领导艺术	（5）冲突管理 （6）员工潜能的开发
		创新意识培养	（1）创新思维训练 （2）思维技巧
		个人修养与魅力的提高	（1）成功的管理人员 （2）自信力 （3）商务礼仪

10.3.3　管理人员培训运营实施

管理人员培训运营实施主要由定制培训项目、设计培训课程、培训效果评估 3 个部分构成。

1．定制培训项目

管理人员的培训主要是提高他们的理论修养、战略思维、创新工作和科学决策能力，以及使他们具有较高的理论水平和较强的企业经营管理能力。管理人员培训的项目可以围绕这几个主题来开展。

2．设计培训课程

管理人员的培训课程可以包括管理人员的思维与视野、管理人员的经营与管理、管理人员的决策与执行、管理人员的领导与团队等。

3．培训效果评估

培训效果评估可以采用问卷调查、座谈交流和访问等方法进行。评估的内容主要包括培训课程与培训师资的评估、培训课程设置情况的评估、培训项目管理与服务的评估等。

【微课堂】

由于现代技术的发展，企业对管理人员也提出了新的要求。请自行设定企业的基本情况，并对其中层管理人员管理技能的培训设计相应的培训内容。

复习与思考

1．对新员工进行培训，可以从哪几个方面设计培训内容？

2．对基层管理人员进行培训，可选择哪些培训方法？

3．骨干人员培训和开发的步骤有哪些？如何实施？

知识链接

阿里巴巴的培训体系

在阿里巴巴集团，人被视为最宝贵的财富。将每一位阿里人的个人能力成长融入持续的企业创新实践、集体文化传承，是对阿里巴巴集团建立学习型组织的最基础要求。因此，阿里的培训体系是一个坚持"知行合一"的学习体系。阿里巴巴集团学习体系分为4个部分：新人系、专业系、管理系以及在线学习平台。

1. 新人培训——从看、信、行动、思考、分享5个步骤，动静结合地去体验5天之旅。

2. 专业培训——运营大学、产品大学、技术大学及罗汉堂。

3. 管理人员学习——行动学习"管理三板斧""侠客行"及"湖畔学院"。

4. 阿里学习平台——为全体阿里人提供内部学习和交流的平台。

技能实训

实训内容：设计一份培训课程表

假设你是某企业人力资源部负责培训的工作人员，现在企业需要对销售骨干人员做培训。人力资源部门经理委托你来做课程安排的事宜，请完善表10-5。

表 10-5　　　　　　　　　　　　　销售骨干人员培训课程表

级别	初级		中级		高级	
	课程名称	课时	课程名称	课时	课程名称	课时
培训课程	销售沟通及技巧		大客户管理技巧		区域管理技巧	
	……	……	……	……	……	……
	……	……	……	……	……	……

管理技能开发技术 | 第11章

【本章知识导图】

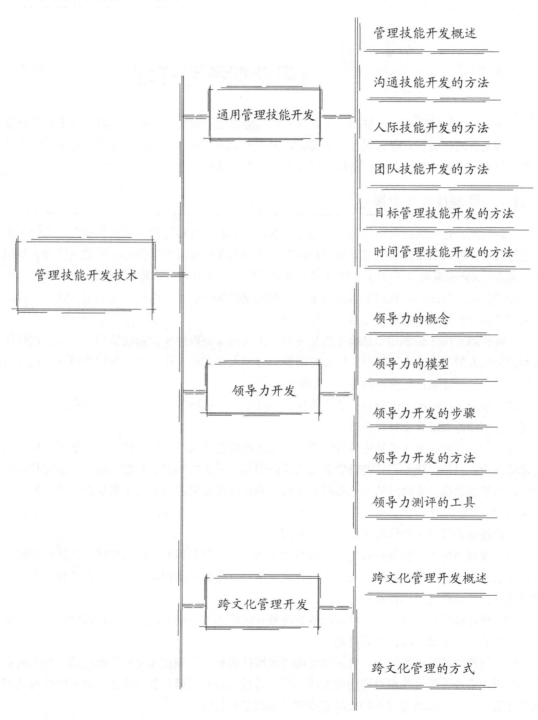

管理技能开发技术

通用管理技能开发
- 管理技能开发概述
- 沟通技能开发的方法
- 人际技能开发的方法
- 团队技能开发的方法
- 目标管理技能开发的方法
- 时间管理技能开发的方法

领导力开发
- 领导力的概念
- 领导力的模型
- 领导力开发的步骤
- 领导力开发的方法
- 领导力测评的工具

跨文化管理开发
- 跨文化管理开发概述
- 跨文化管理的方式

【学习目标】

职业知识	• 了解管理人员应具备的职业技能和管理技能要求 • 知晓领导力开发的流程和工具
职业能力	• 掌握管理技能开发的内容和要点，能够有效地提高自身的管理技能 • 掌握领导力开发的方法和途径，能够在日常工作场景中加以运用
职业素质	具备良好的领导能力，有较强的人际沟通能力、协调能力和团队建设能力

11.1 通用管理技能开发

广义上讲，管理技能开发包括管理人员素质和能力的开发与培训两个方面。其中素质开发是指管理人员的体能、心理、观念、思维、知识等方面的开发与培训；能力开发是指管理人员的决策能力、管理技巧、人际关系技能等方面的开发与培训。

11.1.1 管理技能开发概述

管理技能，是指既有效率又有效果地完成管理工作的一系列行为、技巧和能力。我们还可以通过分析管理人员做什么，考查管理人员为了成功实现目标需要具备哪些技能或能力。罗伯特·卡茨（Robert Katz）提出了 3 种基本的管理技能：技术技能、人际技能和概念技能。

技术技能（Technical Skill）包括应用专业知识或技术的能力。通过大量的正规教育，管理人员可掌握管理领域中的专业知识和技能。

人际技能（Human Skill）是指无论是独自一个人还是在群体中，都能够与人共事、理解他人和激励他人的能力。由于管理人员有时需要通过别人来完成工作，因而他们必须具有良好的人际技能，这样才能进行有效的沟通、激励和授权。

概念技能（Conceptual Skill）是指管理人员必须具备足够的智力水平去分析和诊断复杂的情况，这些任务要求具备概念技能。

管理技能开发是企业自觉地为其管理人员或潜在的管理人员所提供的一系列学习、成长和变化的机会，目的是让他们具备行使有效的管理职能所需的知识、技能、能力、态度和积极性，从而能够适应企业面对的变化多端的环境，满足由此而引起的需要，实现企业持续发展的一项活动。

管理技能的特征主要体现在以下 4 个方面。

（1）管理技能主要体现在管理人员的行为方面。它不是管理人员的人格特质或风格倾向。管理技能由一套可以被确定的活动组成，管理人员通过进行这些活动可以产生出某种结果。有效的管理技能表现是可以被观察到的。

（2）管理技能是可控的。这些技能的表现处在管理人员的控制之下，可以被管理人员自身有意识地表现、实践、改善或者抑制。

（3）管理技能是可发展的。管理技能的可发展性表现为管理技能是可以改进的。与人的智力、特定人格或气质这些相对稳定的方面不同，通过实践和反馈，各级管理人员可以改善他们的技能表现，可以从具备较少的技能进步到具备较多的技能。

（4）管理技能是相互联系、相互重合的。把某项管理技能从其他技能中完全分离出来是不可能的。技能不是简单的、重复性的行为，它们存在于一个复杂的系统中，有效的管理必须依靠多种技能的有机结合来达到特定结果。

11.1.2　沟通技能开发的方法

沟通技能是管理技能的一项重要内容。有不同的学者对沟通下过定义，具体如图 11-1 所示。

沟通的各种含义
沟通是"互相交换信息的行为"。——《大英百科全书》
沟通是"思想及信息的传递"。——《哥伦比亚百科全书》
沟通是"将观念或思想由一个人传递给另一个人的过程，或者是一个人自身内的传递，其目的是使接收沟通的人获得思想上的了解"。——美国著名传播学者布农
沟通是"人或团体主要通过符号向其他个人或团体传递信息、观念、态度或情感的过程"。——英国著名传播学者丹尼斯·奎尔

图 11-1　沟通的各种含义

综上所述，我们认为沟通是人与人之间传递信息、传播思想、传达情感的过程，是一个人获得他人的思想、情感、见解、价值观的一种途径，是人与人之间交往的一座桥梁。通过这座桥梁，人们可以分享彼此的情感和知识，消除误会，增进了解，达成共同认识或共同协议。

1．开发有效的积极倾听技能

积极的倾听技能包括使用目光接触、展现赞许性的点头和恰当的面部表情，避免分心的举动或手势；适当进行提问和复述，但避免中途打断说话者，不要多说，使听者与说者的角色顺利转换等。

2．开发有效的反馈技能

（1）强调具体行为，反馈应具体化而不是一般化。

（2）使反馈内容不针对人，尤其是消极反馈，应是描述性的而不是判断性的或评价性的。

（3）使反馈指向目标，不应该把反馈完全"倾倒"或"卸载"到别人身上。

（4）把握反馈的良机，当反馈接收者的行为与获得对该行为的反馈相隔的时间非常短时，反馈最有意义。

（5）确保理解，确保反馈能够清楚、完整地被接收者理解。

（6）使消极反馈指向接收者可控制的行为，让他人记住那些自己无法左右的缺点毫无意义。

另外，如果消极反馈强调接收者可以控制的方面，则应尤其指明如何做能够改进局面。这不但减弱了批评造成的伤害，而且给那些知道自己存在问题却苦于不知如何解决的接收者提供了指导。

3．开发有效的授权技能

（1）分工明确。

（2）具体指明下属的权限范围。

（3）允许下属参与。

（4）通知其他人授权已经发生。

（5）建立反馈控制机制等。

4．开发有效的训导技能

（1）以平静、客观、严肃的方式面对员工。

（2）具体指明问题所在，使讨论不针对具体的人。

（3）允许员工陈述自己的看法。

（4）保持对讨论的控制。

（5）对今后如何防止犯错误达成共识。

（6）逐步地选择训导程序，且需考虑环境因素的影响。

5．开发有效的谈判技能

（1）研究你的对手，尽可能多地获得有关对手的兴趣和目标方面的信息。

（2）以积极主动的态度开始谈判。

（3）着眼于谈判问题本身，而不针对对手的个人特点。

（4）以开放的态度接纳第三方的帮助，当谈判陷入对峙的僵局时，应考虑求助于中立的第三方。

11.1.3　人际技能开发的方法

人际技能是指妥善处理组织内外关系的能力，包括与周围环境建立广泛联系和对外界信息的吸收、转化能力，以及正确处理上、下、左、右关系的能力。

1．人际技能的构成

（1）人际感受能力。即对他人的感情、动机、需要、思想等内心活动和心理状态的感知能力，以及对自己言行影响他人程度的感受能力。

（2）人事记忆力。即记忆交往对象个体特征以及交往情景、交往内容的能力。总之，人事记忆力是记忆与交往对象及其交往活动相关的一切信息的能力。

（3）人际理解力。即理解他人的思想、感情与行为的能力。人际理解力是现代企业管理中重要的工作技巧，也是人力资源管理人员必须具备的关键素质之一。人际理解力暗示着一种去理解他人的愿望，能够帮助一个人体会他人的感受，通过他人的语言、语态、动作等理解并分享他人的观点，抓住他人未表达的疑惑与情感，把握他人的需求，并采取恰如其分的语言帮助自己与他人表达情感。

（4）人际想象力。即从对方的地位、处境、立场思考问题及评价对方行为的能力，也就是设身处地为他人着想的能力。

（5）风度和表达力。这是人际交往的表现，指与人交际时的举止、做派、谈吐、风度，以及真挚、友善、富于感染力的情感表达，是较高人际交往能力的外在表现。

（6）合作能力与协调能力。这是人际交往能力的综合表现，是企业团队合作的必要能力。

2．人际技能的培养

（1）良好表达能力的培养。社交中受人欢迎、具有魅力的人，一定是掌握社交口才技巧的人。社交口才的基本技巧表现在适时、适量、适度3个方面。人际技能的开发需要积极地参加演讲、对话和辩论活动，重视在众人前发表见解的锻炼机会。

（2）人际能力融合的培养。将个人融入社会，首先需要调整自己的观念，勇敢地面对世界、接纳世界。人际融合能力的强弱与一个人的思想品德、知识技能、活动能力、创造能力、处理人际关系能力以及健康状况等密切相连。

（3）解决问题能力的培养。处理日常学习与生活中的各种问题，是管理人员最重要的责任之一。解决问题能力的培养可以利用管理学的技巧辅助，如鱼骨图等，或是与部属举行讨论会议，将问题产生的原因分类，并列出解决的优先顺序，选择影响力最大、推动起来最容易的方案，然后立即拟订行动计划。

3. 人际能力开发的原则

人际能力开发的原则主要表现为平等、相融、互利、信用、宽容。

11.1.4　团队技能开发的方法

团队技能开发是指以实现企业战略发展为目标，通过资源共享和协同努力，调动团队所有成员的积极性，消除团队内部所有不和谐、不公正的因素，对表现优秀者予以嘉奖，对表现较差者进行批评，从而使团队协作产生一股强大而持久的力量。

1. 团队技能开发的维度

（1）团队领导维度。主要包括要求团队领导者能够建立团队的共同愿景、价值观及帮助团队成员明确角色定位等。为了改善团队建设能力，团队领导者需要从提高角色认知能力及团队领导能力两个方面入手。

（2）团队管理维度。从团队管理维度开发团队技能，可以强化团队成员的自我管理能力，加强团队问题管理、团队效率管理等。为了改善团队建设能力，团队领导者需要从提高团队压力管理能力、团队危险管理能力及团队激励管理能力 3 个方面入手。

（3）团队动力维度。从团队动力维度出发，可以加强团队成员之间的反应能力、互动能力及行动技巧等。为了改善团队建设能力，团队领导者需要从提高团队执行能力及团队沟通能力两个方面入手。

（4）团队品质维度。团队品质是改善团队学习能力、增强团队凝聚力的有效手段。为了改善团队建设能力，团队领导者需要从提高团队目标管理能力、团队协作能力、团队学习能力及团队信任能力 4 个方面入手。

2. 团队技能开发流程

团队技能开发的目的是有计划地增强团队成员之间的沟通交流，增进彼此的了解和信任，实现高效的工作分工与协作，从而快速达成团队目标。因此，对于企业的管理人员来说，团队技能开发的工作至关重要，直接影响企业目标的实现。

（1）制定明确的团队目标。管理人员要为团队成员设定一个共同的、明确的团队目标，在制定目标时要鼓励所有的人积极参与，以获得团队成员的认可并设立能力导向的目标。

（2）帮助团队成员实现角色定位。管理人员要帮助团队成员认清自己的能力特点，使每一个团队成员扮演特定的内部角色，并通过各种手段提高其在特定角色上的专业技能。只有形成角色的互补才能构建好的团队。

（3）建立赏罚分明的评价管理制度。赏罚分明的团队评价管理制度能够对团队成员进行及时、有效的激励和鞭策，以激发其潜能，使之为团队目标的实现发挥最大的作用。

（4）对团队成员进行团队文化培训。优良团队的技能与行为表现都是由每个团队成员的优良技能与行为构成的。团队技能的行为表现受到良好的习惯所支配，而良好的习惯来源于高尚的思想文化建设，所以需要用积极向上的团队文化熏陶团队成员。

（5）树立团队榜样。通过在团队内部树立典范，可以加深团队成员对团队文化的理解和认同。同时，树立典范还可以使团队的技能得到一定的开发。

（6）进行有效的授权。有效授权是增加团队战斗力和凝聚力的重要因素。有效的授权能够把团队成员的关系确定下来，增强他们的工作积极性，从而形成高效的团队。

（7）团队培训。有效的团队培训（课程培训、团队集训、户外拓展等）可以增强团队成员的认知能力，实现团队的高凝聚力和高作战能力。

11.1.5　目标管理技能开发的方法

目标管理是以目标为导向、以人为中心、以成果为标准，使企业和个人取得最佳业绩的现代管理方法。

1．目标管理技能的构成

（1）信息处理能力——能科学有效地收集和整理信息，对信息进行择取、储存和运用的能力。

（2）综合分析能力——通过分析与综合、归纳与概括、判断与推理，揭示事物的内在联系、本质特征及变化规律的能力。

（3）目标设置能力——可以根据实际能力，设置出有一定难度而又可实现的目标的能力。

（4）自我评价能力——一个人对自己的能力、素质、水平等高低优劣程度的评判能力。

（5）制订计划能力——为完成某项目标而制订执行计划的能力。

（6）追踪落实能力——对实施过程进行追踪考核，确保目标达成、计划落实的能力。

（7）检查总结能力——在每个阶段、每项重要工作结束之后，对整个过程进行检查和总结的能力。

（8）解决冲突能力——处理人际关系中不定时出现的冲突危机的能力。

2．目标管理技能开发的意义

（1）可以提高工作效率。员工掌握目标管理技能后，会对工作目标有更加明确的认识，可以少走弯路，把主要的精力花在重要的、必须做的事情上，以提高工作效率。

（2）可以提高员工士气。通过目标管理技能的开发，可以充分调动员工的主动性、积极性、创造性，能够更好地将个人利益和企业利益紧密联系起来，增强团队的凝聚力。

（3）可以改善人际关系。在目标管理技能开发的过程中，企业的上下级会进行频繁的沟通，通过上下级之间的意见交流和相互了解，可以大大改善人际关系。

3．目标管理技能的开发

（1）建立目标管理体系。实施目标管理技能的开发，首先要建立完整的目标管理体系，这是目标管理开发工作的起点。一般来说，目标体系的建立是由上而下逐级确定的。

（2）帮助员工制定切实可行的目标。在帮助员工制定目标时，应当采取协商的方式，鼓励员工参与目标的拟定，并拟定他们自己的工作目标，然后由管理人员批准。目标制定之后，管理人员还要找出可能遇到的问题和障碍及相应的解决方法；列出实现目标所需的技能和授权；列出为达到所需的合作对象和外部资源；确定目标完成的日期，否则目标管理就难以实现。

（3）组织实施。当目标确立下来后，管理人员就应放手将权力交给下级成员，便于其更好地开展工作；管理人员只需适时指导、协助。在明确了目标之后，管理人员如果仍然事必躬亲，不利于员工管理技能的提高，也不能获得理想的开发效果。

（4）检查和评价。管理人员要对各级目标的完成情况定期进行检查、评估，并结合实际情况对目标进行调整和反馈。对于最终结果，管理人员应当根据目标进行评价，并根据评价结果进行奖罚。

11.1.6　时间管理技能开发的方法

时间管理是指为减少时间浪费，有效利用时间资源，以便有效地完成既定目标的管理活动。时间管理技能开发是为了引导员工正确地掌握时间管理的方法，提高工作时间的利用效率和有效性，从而实现个人或企业的既定目标。

1．时间管理技能开发的必要性

（1）工作需要。只有掌握了时间管理技能，才能不断提高工作效率，在规定的时间内保质保量地完成上级布置的工作任务。

（2）个人发展需要。时间管理能帮助我们减少对时间的浪费，摒弃陋习，养成良好的习惯，通过自律、自控、自觉，事半功倍地实现个人的重要目标。

（3）企业发展需要。企业的最终目的是盈利，从企业发展的角度来看，具备时间管理能力的员工能为企业创造更多的效益。

2．时间管理技能的培养

（1）建立以 SMART 为导向的目标管理原则。明确目标是进行时间管理的前提和基础。当工作有了明确的目标，并把自己的行动与目标不断地加以对照，清楚自己的进度与目标的差距时，工作的效率就会提高。设定有效目标的原则可以用 SMART 原则来表示，如图 11-2 所示。

设定目标的 SMART 原则
S（Specific）：　目标要清晰、明确，让考核者与被考核者准确地理解目标。
M（Measurable）：目标要量化，便于操作和管理。
A（Attainable）：目标要通过努力可以实现，也就是目标不能过低和偏高，偏低了无意义，偏高了实现不了。
R（Relevant）：目标要和工作有相关性。
T（Time-bound）：目标要有时限性，要在规定的时间内完成，时间一到就要看结果。

图 11-2　设定目标的 SMART 原则

（2）进行工作整理，确定工作顺序。工作整理就是对每天所要做的工作进行一次彻底的梳理，区分哪些工作是自己必须做的，哪些工作是自己不能做的。经过工作整理，对那些需要自己做的工作进行分析，确定顺序。确定工作的顺序时需从两个重要指标出发，即事情的紧急性、事情的重要性。

（3）掌握时间"四象限"法。在日常工作中，可以结合时间管理的"四象限"分析法，把待办事项按照重要性、紧急性进行分类，然后有序处理。时间管理四象限图如图 11-3 所示。

（4）制订工作计划。制订工作计划可以提高工作的有序性，并规定工作的时限，便于自我约束。每位员工都应该掌握自己的生活规律，将精力最充沛的时间集中起来，专心去处理最重要的工作。根据自己的实际情况制订一个可行的、适合自己的待办工作计划表。

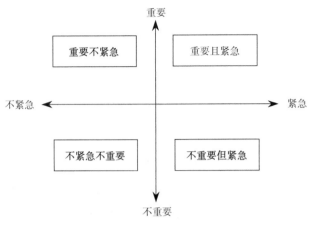

图11-3　时间管理四象限图

3．时间管理技能的开发途径

（1）定期组织专门的时间管理培训。

（2）在企业文化中植入时间管理的理念。

（3）建立与时间管理挂钩的奖惩机制。

（4）配备专门的时间管理辅助软件。

【微课堂】

> 1．你认为要胜任人力资源部门经理的工作，需要具备哪些管理技能？
>
> 2．试谈管理人员可以通过哪些途径塑造个人魅力？

11.2 领导力开发

领导力是一种复杂且很难鉴别的能力，包括在领导过程中由领导者与追随者的共同行动所产生的一系列可能的结果，如目标的完成、个体对目标承诺的实现、团队凝聚力的增强以及组织文化的提高等。

11.2.1 领导力的概念

关注的角度不同，对于领导力的理解也不尽相同。领导力也可以说是影响力，是一个人对其他人施加影响，使其追随、服从自己的领导，按照自己的想法或者指导而行动的能力。尽管不同的学者对领导力的看法各异，但是各观点之间也有一些共同点，即领导力是一种个人能力；领导力的存在目的是激励人们更好地完成企业使命；领导力不是权力，而是一种非命令式的影响力。

我们认为，领导力是指一种影响力，领导力作为社会交互作用的一种要素，能使人们超出常规标准，高质量地完成任务。

领导力一般具有以下 5 个特点。

（1）柔性。重视应用软权力来发挥作用。

（2）双向性。特别注意领导者与追随者之间的相互影响和及时回应。

（3）人性化。在关注工作、关注利益的同时，更突出以人为本的思想，更关注人的情感、人的快乐、人的价值和人的发展。

（4）叠加性。在应用权力的同时，更注重领导者自身的品德、个性、专长、能力、业绩等方面的软权力的叠加作用和放大作用。

（5）艺术性。即讲究科学，讲究遵循规律，更强调创新、权变融合和领导艺术的巧妙运用。

11.2.2　领导力的模型

领导力模型来源于胜任力理论，它是指企业针对特定管理岗位或群体开发的能够驱动优异绩效的素质指标组合，也是企业在特定管理岗位或群体中的绩效优异者所具备的一系列素质指标。领导力模型针对的对象既可以是一个具体的岗位，如市场总监、人力资源总监等，也可以是某个特定人群，如企业的高层管理团队、中层管理团队、基层管理团队等。

如果人们对以上的特质不是停留在感觉的层面、印象的层面，而是把它们抽象出来，就会构成一个领导力模型。领导力模型具体包括以下 6 种能力。

（1）学习力，是领导人超速的成长能力的构成。

（2）决策力，是领导人高瞻远瞩的能力的表现。

（3）组织力，即领导人选贤任能的能力的表现。

（4）教导力，是领导人带队育人的能力。

（5）执行力，表现为领导人的超常的绩效。

（6）感召力，更多地表现为领导人的人心所向的能力。

11.2.3　领导力开发的步骤

领导力开发基于领导力发展模式，领导力开发方法关注如何为领导者创造发展型经历。领导力开发包括 6 个步骤，即经营诊断、领导测评、计划设计、计划实施、后续支持和效果评价。

1. 经营诊断

经营诊断是领导力开发的第一步，主要是为了弄清楚实施领导力开发的原因。这一步骤的关键是对实施领导力开发达成共识并形成紧迫感，同时树立一个为管理人员所支持的愿景目标。所有的领导力开发计划都把建立模型作为核心任务，最好的模型代表了企业及其领导者的形象和抱负。在这一步骤中，会运用到多种分析方法，如 SWOT 分析法、现场调研法、焦点小组访谈法、内容分析法等。

2. 领导测评

领导测评主要是帮助领导者个人了解自己的内心世界，了解他们自己真正缺少的是什么，要怎么样来开发和学习领导素质；同时，这也能帮助领导者制订个人发展计划和具体的行动方案。

3. 计划设计

计划设计的主要内容包括参与领导力开发计划的人员选择、开发时间和周期的确定、领导力特征模型的建立，以及围绕领导力特征所展开的一系列开发方式设计，如培训设计、行动学习设计、与高层员工的互动设计、学习效果反馈等。计划设计为计划实施和后续支持奠定了基础。

4. 计划实施

在计划实施这一步中，我们需要做的只是调动组织内外的资源，对计划进行有序的实施，为领导力开发创造良好的条件，保证领导力开发项目的顺利完成。这一步最关键的是组建行动学习团队，并用行动学习团队解决企业存在的重大问题。目前，行动学习在领导力开发中广为流行，已经成为继测评和辅导之后的第二大趋势。

5. 后续支持

好的领导力开发计划不只局限在教室里，它还要为参与者提供一系列的后续强化和支持。这一步骤主要是为领导力开发提供一些后续支持，以保证参与者能够将学到的知识有效地运用到具体的工作岗位上。所以，后续支持也是领导力开发计划的一个重要部分。

6. 效果评价

效果评价虽然是领导力开发的最后阶段，但在这一阶段，企业还要弄清楚以下问题：如何进一步改进和强化领导力开发计划？如何消除实施领导力开发计划的障碍？如何把领导力开发所采用的方法、措施与开发的最初目标联系起来，以评价领导力开发是否成功？在回答了这些问题之后，我们必须进行领导力开发计划的改进和完善，以保证下次开发的效果会更好，而且每次改进就像一个 PDCA[由 S 计划（Plan）、执行（Do）、检查（Check）、处理（Act）的首字母组成]循环，是一个永无止境的过程。

领导力开发的这 6 个步骤已被证明是行之有效的，许多优秀企业的领导力开发都采用了这种方法。在进行领导力开发的标杆研究时，我们也将以这 6 个步骤作为研究的切入口。

11.2.4 领导力开发的方法

领导力开发的方法主要有 3 种，包括教练制、职位轮换及领导力的评估，具体内容如下。

1. 教练制

英特尔公司有许多进行领导力培训的计划与措施，其中之一就是教练制。英特尔公司指定有经验的资深人士与高层主管作为被培训人的教练或伙伴，一对一进行结对，由比较有经验的人为员工提供管理咨询，达到培训员工、提高员工综合领导力的目的。

2. 职位轮换

许多企业往往通过岗位的调动、职位的轮换来发展员工的领导力。我们以英特尔公司为例，作为一家高度国际化的跨国巨头，英特尔公司非常重视通过跨国工作轮换来提高员工的国际化工作技能与领导能力，即派遣有潜力的管理人员到其他国家工作一段时间，锻炼他们的跨文化管理能力。英特尔还在公司中施行一种"二位一体"的任命计划。何谓"二位一体"？即在同一个职位同时任命两名经理人，其中一名主要是给他实习、锻炼的机会，培育其快速成长为合格的英特尔公司经理人。

3. 领导力的评估

企业应根据领导才能的模式和定义,评估领导者的实际能力、工作作风和爱好的反馈意见,以帮助领导能力的提高。作为企业持续性计划的一部分,每年要依据这些能力特征对潜在领导者和所有的管理人员进行评估,其方式包括员工自评和 360 度评价。这就为进一步进行领导力的培养和开发打下了良好基础。

11.2.5 领导力测评的工具

从人才测评方法和工具的效度来看,效度最高的方法和工具体系是评价中心。操作规范的评价中心,其效度可以达到 0.6 以上。企业可针对不同的测评内容,综合选择不同的测评方法。而不同的测评目的和内容,每种方法在其中所占的权重也不同。利用多种方法综合测评某一项领导力,大大提高了测评的准确性和有效性。某企业领导力测评工具矩阵表如表 11-1 所示。

表 11-1　　　　　　　　　　　某企业领导力测评工具矩阵表

领导力	测评工具				
	BEI 访谈	文件筐测验	360 度反馈	无领导小组讨论	标准化心理测验
战略思考能力		★★	★	★★★	
商业分析能力	★★★		★★		★
结果导向能力	★★		★★★		★
冲突管理能力			★	★★★	★★
计划能力	★★	★★★			★★

注:"★"的数量越多,代表该种测评工具在测评某项领导力时所占的比重越大

（1）行为事件访谈法（Behavioral Event Interview，BEI）是指以获取有关被访者行为事件为主要目的的访谈法。在领导力测评过程中,BEI 访谈是最为常用的方法。在领导力测评中应用 BEI,对测评师的要求非常高,这种要求不仅体现在技术上,而且体现在测评师的经验和业务背景上。

（2）文件筐测验的试题设计,也要求测评师对企业的运营、领导者的工作条件与工作环境有深入的了解和掌握。文件筐中各子文件之间是有关联的,系统性非常强。如果对企业的整体运营没有深入的了解和掌握,是很难设计出高效度的文件筐试题的。

（3）领导力 360 度评价。日常所用的 360 度评价主要采用问卷的方式。问卷法有其优势,但是在领导力测评中,特别是高管的领导力测评中,使用问卷法显得过于笼统。而以事件为依托的 360 度评价,比起用问卷法要求他人笼统地评价更加具体和具有针对性。例如,在测评的准备阶段,测评顾问深入企业,了解企业近年所发生的重大事件。

（4）无领导小组讨论,与针对一般人员而设计的无领导小组讨论主题不同。企业领导者所面对的讨论主题更多是业务运作、战略决策等。这种测评方法既可以观察测评对象的讨论内容和观点,又可以观察测评对象的互动过程。

（5）标准化心理测验（Standard Psychological Test）。只有通过一套标准程序建立测验内容,

制定评分标准，固定实施方法，且具备主要的心理测量学技术指标，并达到国际上公认的水平，这样的测验才称为标准化测验。

心理测验的方法很多，临床工作者如何选用测验方法是很重要的。具体选择原则如下。

① 根据临床或科研工作的不同目的，如心理诊断、协助疾病诊断、疗效比较、预后评价、心理能力鉴定等，选择测验方法，或组合多种测验方法来满足不同的要求。

② 选择常模样本能代表被试者条件的测验，如被试者年龄、教育程度、心理特点、居住区域等必须符合该测验的常模样本的要求。

③ 优先选用标准化程度高的测验及结构化程度高的测验。

④ 选用国外引进的测验时，应尽可能选择经过我国修订和再标准化的测验。

⑤ 主试者应选用自己熟悉和具有使用经验的测验。

【微课堂】

> 某一家大型跨国企业，近期急需一名市场营销总监。猎头企业推荐了几位候选人，其中有两位进入了最后一轮的面试。两位候选人在所有面试中表现得都十分出众。其中 A 在同行业已从业数十年，但只有业务开拓经验，却没有足够的市场营销经验。B 有着丰富的市场营销经验并且在其他行业任职过相关岗位，但他同行业的从业经验还不到一年。现在招聘经理必须从中选择一位作为市场营销总监的人选。从领导力测评的角度，你有什么方法可以帮助这位招聘经理做出尽可能客观的选择？

11.3 跨文化管理开发

跨文化管理并不是一个新生事物，它是在 20 世纪 70 年代后期的美国逐步形成和发展起来的进行在跨文化条件下如何克服异质文化的冲突及进行卓有成效的管理的学科。

11.3.1 跨文化管理开发概述

跨文化管理是指通过克服不同异质文化之间的差异，并在此基础之上重新塑造企业的独特文化，最终打造卓有绩效的管理行为。

随着经济全球化的发展，企业与企业之间在跨地区、跨专业、跨领域方面的交流逐渐增加。企业"走出去"，开展全球化经营已成为一个必然的发展趋势。而在不同文化背景下的企业经营中，最重要的就是要理解消费者观念、价值观和社会需求的差异。

跨文化管理与其他管理工作相比，具有以下 3 个特点。

1. 复杂性

跨文化管理在以往管理的基础上增加了新的文化维度，扩大了管理的范围和维度。

2. 特殊性

管理是围绕各项管理职能，如计划、组织、控制、领导等展开的，而跨文化管理主要研究企业对来自不同文化环境中的人的管理。

3. 共同性

跨文化管理的任务在于从不同的文化中寻求共同的能体现各种文化精髓的东西。

11.3.2　跨文化管理的方式

不同的国家地区之间存在不同的文化和行为方式，在对员工的管理过程中，难免会有不同文化之间的碰撞，那么如何克服文化差异进行有效的管理，从而提高企业的综合效益呢？具体建议如下。

1. 选择适合双方的沟通方式

营造适合双方交流的沟通模式，寻找更加有利于信息传递的表达方式，不致因沟通不畅而造成不必要的冲突。另外，也尽量使用双方都擅长或容易理解的语言进行沟通，以减少沟通障碍。

2. 跨文化培训

跨文化培训是实现跨文化管理的重要手段。对子公司的员工尤其是管理人员进行跨文化培训是解决文化差异，搞好跨文化管理最基本、最有效的手段。其中，对员工进行文化敏感性训练是培训的重要内容。文化敏感性训练可采用多种方式，主要方式及其说明如表 11-2 所示。

表 11-2　　　　　　　　　　　文字敏感性培训方式及说明

培训方式	说　　明
文化教育	即请专家以授课方式介绍东道国文化的内涵与特征，指导员工阅读有关东道国文化的书籍和资料，为他们在新的文化环境中工作和生活提供思想准备
环境模拟	即通过各种手段从不同侧面模拟东道国的文化环境。将在不同文化环境中工作和生活可能遇到的情况和困难展现在员工面前，让员工学会这些情况和困难的处理方法，并有意识地按东道国文化的特点思考和行动，提高自己的适应能力
跨文化研究	即通过学术研究和文化交流的形式，组织员工探讨东道国文化的精髓及其对管理人员的思维过程、管理风格和决策方式的影响
语言培训	语言培训不仅可使员工掌握语言知识，还能使他们熟悉东道国文化中特有的表达和交流方式，以便促进双方更好地交流

【微课堂】

1. 跨文化管理有哪些特点？
2. 跨文化沟通的含义是什么？

复习与思考

1. 什么是管理技能？管理技能的特征有哪些？
2. 人际技能如何构成？如何进行人际技能培养？
3. 什么是领导力？领导力的开发方法有哪些？
4. 如何对领导力进行测评？

知识链接

集成领导力开发（Integrated Leadership Development，ILD），是 IBM 和华为人力资源管理团队共同开发的一套系统。简单来说，就是将人才管理和人才发展手段融合在一起，通过压力、动力及牵引力，让所有干部的领导行为发生改变，以确保业绩目标的达成（见图 11-4）。

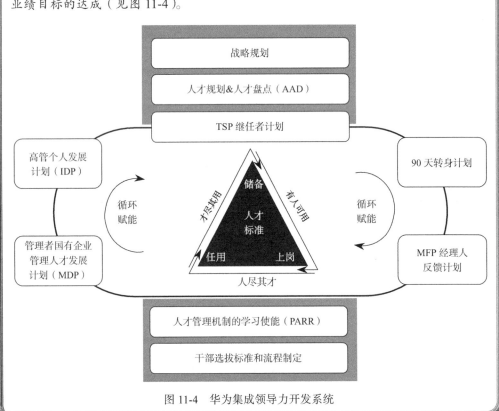

图 11-4 华为集成领导力开发系统

技能实训

实训内容：通用管理技能培训课程设计

假设你是某企业人力资源部负责培训的工作人员，现在企业需要对中层管理人员做通用管理技能开发，包括沟通技能、团队技能和人际技能管理技能，但不知设置哪些课程才可以对管理人员的管理技能的开发起到较大作用。人力资源经理委派你去做这项工作，请将表 11-3 填充完整。

表 11-3 通用管理技能培训课程设计

管理技能	沟通技能		团队技能		人际技能	
	课程名称	课时	课程名称	课时	课程名称	课时
课程设计	沟通的艺术	2	高绩效团队建设	3	人际关系管理	2

第12章 组织开发与职业生涯管理

【本章知识导图】

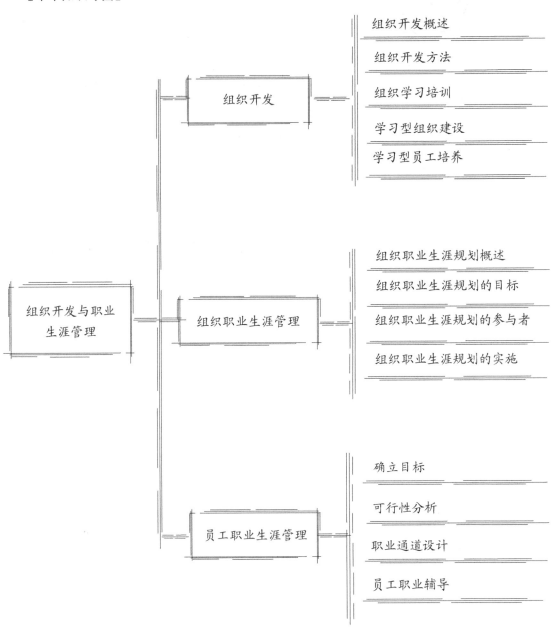

- 组织开发与职业生涯管理
  - 组织开发
    - 组织开发概述
    - 组织开发方法
    - 组织学习培训
    - 学习型组织建设
    - 学习型员工培养
  - 组织职业生涯管理
    - 组织职业生涯规划概述
    - 组织职业生涯规划的目标
    - 组织职业生涯规划的参与者
    - 组织职业生涯规划的实施
  - 员工职业生涯管理
    - 确立目标
    - 可行性分析
    - 职业通道设计
    - 员工职业辅导

【学习目标】

职业知识	• 了解组织开发的 3 种方法 • 了解职业生涯规划的作用
职业能力	• 能够结合组织发展需求和员工的特点，设计科学的职业发展通道 • 能够根据员工发展通道对其给予必要的职业辅导
职业素质	具备职业规划专业知识，具备较强的沟通能力、分析能力

职业生涯管理，无论对于组织还是个人，都是一项重要的管理内容。尤其对于组织，开展职业生涯管理是满足员工与组织双方对培训系统化、体系化和前瞻性需要的极佳方式，它将两者的需求、目标、利益相结合、相匹配，以达到动态均衡、协调和双赢的效果。

12.1 组织开发

组织开发（Organizational Development）的基本出发点是改善整个组织的职能，目的是帮助每一位员工发挥才干，改善员工个人之间、团队群体之间分工与协作的工作关系。

12.1.1 组织开发概述

对于组织开发的定义，人们有以下几种不同的观点。

美国国家培训实验室认为，组织开发专门致力于组织中的人事改革，诸如处理对人的激励、权利、知觉、人际关系群体内部和群体间关系的过程。

贝尔哈德认为，组织开发是一种运用行为科学知识，旨在提高组织效率和组织健康状况的，从组织内高级管理层开始实施的有计划的努力。

贝尼斯认为，组织开发是对变革的回应，是一种旨在改变组织的信仰、态度、价值观和结构，从组织内部高级管理层次开始实施的有计划的努力。

布鲁克认为，组织开发是咨询顾问运用心理学、社会学、文化人类学等帮助客户改善组织的状况，推动变革的过程。广义地说，组织开发就是组织变革。

弗伦奇和贝尔认为，组织开发是由高层管理人员支持的，具有长期性的努力。通过顾问的帮助，应用行为科学专门致力于正式工作小组、临时性工作小组和小组之间的协调，通过调查分析和组织管理文化来改进组织解决问题和变革的过程。

综合以上观点，我们认为，组织开发是提高组织综合能力的一套技术或措施，其基本目标是改变组织的氛围、环境和文化。

12.1.2 组织开发方法

每一个组织都有自己的目标（如以具有竞争性的价格提供产品和服务），这些目标都是通过观察外部环境，针对某些客户尚未满足的需求来制定的。没有员工，组织就起不了作用。因此，组织需要员工，而员工也需要组织。组织的成功与否在很大程度上取决于如何对人进行选择、培训、管理，使每个人都能充分发挥自己的作用。

开展组织开发计划有各种各样的目标，概括起来有以下几个。

（1）提高组织的能力，可用营业盈利、革新方法、市场股份等指数来衡量。

（2）提高适应环境的能力，指组织内成员是否愿意正视组织中出现的问题，并且能帮助组织有效地解决这些问题。

（3）改善组织内部行为方式，包括人际、组织合作关系，信任和支持程度，沟通系统的开放性和完整性，广泛参与组织战略计划决策等。

（4）提高组织内成员的工作热情、工作积极性和满意程度。

（5）提高个人与群体在计划和执行中的责任程度。

组织开发有许多方法，这里着重介绍管理文献中 3 种最受欢迎的方法。

第一种是库尔特·利温（Kurt Lewin）的三步模式（三阶段变革过程模型），即"解冻"（Unfreezing）、"改变"（Changing）、"重新冻结"（Refreezing）。

在利温的模式中，"解冻"是指当明显的挑战或严重的问题要求组织做出变化时，组织有能力随时做到这一步。"改变"是指组织能放弃旧的行为，接受新的行为，以解决组织的问题。"重新冻结"是指加强和巩固新的行为，使它们成为组织新的行为系统的一部分。组织聘请咨询顾问专家介入组织，实施"实验室培训"等技术都是直接出自于这种模式。

第二种是拉里·格雷纳（Larry Greiner）的过程顺序步骤模式。他所研究的重要发现是，除非变化是按照特殊顺序步骤进行的，否则这种组织变化是无效的。他还认为，必须是外部的压力或促进因素，才能促使上层领导做出组织变化的决策。这种顺序步骤包括组织开发顾问专家的介入、设计新的解决问题的办法、试行新的解决方法以及积极地加强和巩固新的方式。

第三种是哈罗德·莱维特（Harold J.Leavitt）的相互作用变量模式（Interacting Variables Mode）。这种模式与利温和格雷纳的模式完全不同，它不强调步骤或阶段的组织变化，而是考虑组织系统中不同部分的变化，即他所说的"相互作用的变量"。他将组织确定为 4 种相互作用的变量，即任务、机构、技术和人。

管理人员对莱维特的这一模式有以下两个特点。

一是 4 种变量是相互作用的。也就是说，只要 4 变量中的任何一种发生变化，就会自动引起其他变量的变化，当然，也许其中一些变化是无法控制的或不想要的。因此，在计划执行变化过程中，管理人员必须持久地集中注意所需的变化，而且要注意由其他变量变化所带来的影响。

二是变化可以从 4 种变量的任何一种开始，但究竟从哪一种开始，须根据管理人员对整个形势进行判断后来决定。

12.1.3　组织学习培训

从能力角度分析，学习是指相对长久且不属于自然成长过程结果的人的能力的变化。这些能力与特定的学习成果有关，包括语言信息、智力技能、运动技能、态度、认知策略。

从行为角度分析，学习是一种获得知识的过程，得到的经历体验导致持续的行为改变。换言之，学习被认为是通过经历体验而导致持续的行为改变。

组织学习培训主要有以下方法。

（1）课堂教学，包括企业内部培训、外聘培训师培训。

（2）建立学习网站。利用企业网站，建立学习板块，提供专业知识的学习或者其他内容。

（3）会议。在会议中分享案例故事，推行一些员工间的学习方法，改善作业流程，或者学习一些新规等。

（4）建立企业商学院或企业大学。

（5）有指导的自学。对于所有形式的自学，无论是阅读资料还是 E-Learning，学习者的自觉性均至关重要。有指导的自学的目的是保证学习者的学习效果。在学习者自学前，组织为其制订进度表，提出自学过程中的思考题、测试题，布置自学作业，受训人员按期完成并提交等。

（6）其他方法，包括订阅报刊、购买书籍、召开读书会、交流会等。

12.1.4 学习型组织建设

所谓学习型组织，是指通过培养弥漫于整个组织的学习气氛、充分发挥员工的创造性思维能力而建立起来的一种有机的、高度柔性的、扁平的、能持续发展的组织。学习型组织是能够熟练地创造、获取、解释和保留知识，并根据这些新的知识和观点，自觉地调整改善自身行为。

学习型组织的建立可以通过 5 个步骤来完成。

（1）构建信息资源平台。组织建立各类共享资源库，分级开放与管理；建立组织内部共享知识产权制度。这里的信息还包括来自员工、团队、组织的反馈信息。

（2）提供管理上的支持。组织为员工的学习活动提供资源。组织使学习成为企业战略行为的一部分，并造就一种学习的氛围。组织的制度中要奖励那些善于学习的员工以及倡导学习型文化氛围的部门经理或主管。

（3）提供必要的辅导。除了一些个人学习技能（如从过去的经验中学习、向他人学习、360度反馈等）的辅导外，还应包括一些有利于促进团队学习的训练，如进行敏感性训练，通过体验相互合作提高自我的洞察能力和体会别人、认识别人、分析别人的能力，即提高社会性知觉能力。

（4）促使个人和小组都负有学习的责任。在崇尚学习的组织文化中，个人和小组受奖励不仅是因为工作表现杰出，也是因为他们善于学习并能将所学知识应用于工作实践。经理要积极参与所有员工发展计划的制订过程，这样就可以使个人的发展计划与组织的需要相契合，实现组织和员工双赢的局面。

（5）改善领导行为。高层领导或团队领导的行为对团队的学习有着重要影响，通常认为理念推动型领导行为（Transformational Leadership）容易产生组织创新。这种领导行为鼓励对旧的假设、传统和观念提出疑问，促使下属以理性的、新的视角来看待和解决问题，鼓励下属说出想法和原因。另外，该行为还关心每一个下属，重视个人需要、能力和愿望，以及针对每个人的不同情况给予培训、指导和建议。

关于学习型组织建设有一个著名的模型，即彼得·圣吉提出的五项修炼模型。五项修炼指的是学习型组织的五项新技能的组合，包括自我超越、心智模式、共同愿景、团队学习、系统思考，被管理界称为学习型组织的圣吉模型。具体内容如表 12-1 所示。

表 12-1 学习型组织建设的五项修炼

五项修炼	具体含义
自我超越	一个团队由若干人组成，只有团队内部每个人都积极主动地去提高自己的效率，才能促成整个团队效率的提高
心智模式	心智模式是认知心理学上的概念，指人们的长期记忆中隐含着的关于世界的心灵地图，是思想的定势反映

续表

五项修炼	具体含义
共同愿景	共同愿景是组织中全体成员的个人愿景的整合，是能成为员工心中愿望的愿景。它由 3 个因素组成，即目标、价值观和使命感
团队学习	团队学习的目的就是使团体智商大于个人智商，使个人成长速度更快
系统思考	系统思考是五项修炼的核心。系统思考要求整体地、动态地、本质地思考问题，防止分割思考、静止思考、表面思考

（1）自我超越。许多团体支持员工个人的成长，他们相信这样做能够强化团体。"我们鼓励员工从事此项探索，因为对个人而言，健全的发展成就个人的幸福。只寻求工作外的满足，而忽视工作在生命中的重要性，将会限制我们成为快乐而完整的人的机会。"

（2）改善心智模式。成功人士心智模式的"三点要求"：修炼气度、学会沟通、修炼 3Q。3Q 指的是智商（IQ）、情商（EQ）和逆境商（AQ）。

智商的修炼主要是提高知识水平。情商指人的综合心理能力，具体包括 5 个方面的能力：① 了解自己情绪的能力；② 管理自己情绪的能力；③ 控制自己情绪的能力；④ 理解别人情绪的能力；⑤ 协调人际关系的能力。逆境商是美国学者保罗·史托兹提出的。它既是预测谁会成功的指标，也是对每个人面对和超越困境能力的心理素质的量化指标。史托兹提出的 AQ 理论将人们对待逆境的态度划分为 3 个层次：知难而退、半途而废、攀登者。自我超越要修炼的是达到攀登者的层次，也就是不畏艰难、勇往直前。

（3）建立共同愿景。共同愿景是个人、团队、组织学习和行动的坐标。共同愿景对学习型组织至关重要，它能为学习聚集、提供能量。只有当人们致力于实现共同的理想、愿望和愿景时，才会产生自觉的、创造性的学习。

（4）团队学习。过去，人们只注意研究个人的智商，很少有人研究群体的智商。哈佛大学阿吉瑞斯教授对许多企业调查研究后指出：大部分管理团队在压力面前会出现智障。他把智障归纳成 4 种妥协，即为了保护自己，不提没把握的问题；为了维护团结，不提分歧性的问题；为了不使人难堪，不提质疑性的问题；为了使大家接受，只做折中性的结论。

在学习的过程中，内心最大的障碍是谨小慎微，为了保护自己。许多团队不成功，很大程度上是由于自我防卫，刚才的 4 种妥协都是自我防卫的典型案例。

这些障碍怎么来克服？学习型组织认为要加强团队学习。所以，一个聪明的领导人在召开一个会议或者要从事重大决策的时候，总是要看参加的人心智模式是一个什么状态，应该首先帮他们把自我防卫的状态解除，大家才能敞开心中所有的假设，积极地去辩论问题。

团队学习的目的就是要使团体智商能大于个人智商，使个人成长速度更快。

（5）系统思考。系统思考具体包括蝴蝶效应和青蛙现象。

① 蝴蝶效应。蝴蝶效应是气象动力学家洛伦兹在建立地球天气计算机模型时发现的。他多次用由 12 个方程组成的一个方程组进行计算，得出了一个空气流蝴蝶状的计算机模型。1979 年 12 月 29 日，在华盛顿的美国科学促进会主办的一次演讲中，他说："可以预见，一只蝴蝶在巴西扇动翅膀，可能会在美国的得克萨斯州引来飓风。"

蝴蝶效应所描述的对初始条件有敏感依赖性的事件，在现实生活中是广泛存在的。学习型组织理论告诉我们，有些小事可以糊涂，但有些小事如经过系统会被放大，对一个企业、一个国家会产生重大影响，这时一定要保持清醒的头脑。

② 青蛙现象。青蛙现象实际上是一项科学实验。19 世纪末，康奈尔大学的几位教授把一只青蛙扔进沸腾的油锅里，青蛙非常敏捷地跳出来，没有被煮死。随后，教授们又把这只青蛙放进一只装了温水的大铁锅里，下面点着小火。这只青蛙感觉暖洋洋的，很舒服。温度在逐渐升高，它毫无感觉，仍然悠然自得，直到温度已经很高了，青蛙才开始感到有点烫。但是，它体内的能量已经耗尽，肌肉已经僵硬，所以它跳不出来，被煮死了。

这个实验告诉我们，一些突变事件往往容易引起人们的警觉，而致命的却是在自我感觉良好的情况下，对实际情况的逐渐恶化没有清醒的察觉，没能及时做出反应，而当感觉危机临头了，再想挽救已经来不及了。

12.1.5 学习型员工培养

组织学习，必须通过员工个人的学习和自我超越才能实现。学习型组织的特征是依靠吸引人才、发展员工的学习能力和学习积极性来建立、延续或发扬这样的组织文化，而吸引、培养并拥有学习型员工是这种文化赖以生根、开花的基础。学习型员工的特点是他们有很强的学习能力和愿望，他们具有以下几个特点。

（1）主动寻求反馈。这类人员希望了解自己的优势和弱点、自己行动的影响力及策略的效果。他们乐于接受批评，且能从他人的反馈中受到激励，不断进步。

（2）挑战自己的能力极限。他们会利用机会尝试新事物，挑战自己的能力和技术，并愿意承担这种挑战所带来的风险。他们对挫折和错误早有预见，视之为进步的机会。

（3）以学习的心态来处理、解决新问题。他们会将头脑中的想法付诸实践。当意识到自己没有解决问题的答案时，他们会寻求别人的意见和想法，并从不同视角来看待问题。

（4）积极适应企业的转型和变革。他们对企业的变革持乐观态度，他们总能在变化中看到希望。他们不求控制变化中的混乱和不明确因素，愿意放弃过去的经验和看法。

（5）及时了解并掌控自己的学习进程。他们会关注每一时刻自己是怎样学习的，并监督到达学习目标的进程。作为学习者，他们经常会做总结来反思过去并展望未来。

为了鼓励和帮助学习型员工进行持续的学习，组织可以采取以下 4 种方法。

（1）始终及时地给予员工各种信息反馈与指导。确保员工获得最新的绩效反馈并清晰了解组织对他们的期望。

（2）改变考核与薪酬体系，使之与需要的学习行为相匹配。它们可以帮助高级管理人员成为学习的模范，也可以鼓励每一个员工探讨个人的回报：在减轻工作负荷、使工作更有回报以及满足客户的要求等方面，什么将产生最重要的影响。

（3）创造宽松的组织环境让员工练习。在这样的组织中，新鲜事物和试验比熟练更有价值，并能鼓励员工大胆尝试，宽容其学习中所犯的错误。组织可以为学习型员工设立循序渐进的目标，并为其创造超越传统角色限制的机会，使他们可以试验新的知识。

（4）提供学习机会。这包括增加培训师和导师，确定发展性的工作任务，使员工有持续的学习课程和自学机会；通过一些活动或论坛召集员工分享多种观点，共同解决企业中艰巨的问题等。

【微课堂】

1. 简述组织开发的方法。
2. 简述学习型组织的特点。

12.2 | 组织职业生涯管理

20 世纪六七十年代，美国企业组织最早对组织职业生涯方面展开了有益探索。一些组织开始有意识地帮助员工建立其在组织内部的成长目标，并为其设计职业发展通道，提供员工在实现目标过程中所需要的培训、轮岗和晋升机会。

12.2.1 组织职业生涯规划概述

1. 组织职业生涯规划的内涵

组织职业生涯规划是指组织根据自身的发展目标，结合员工发展需求，确立职业生涯目标，制定组织职业需求战略，选择职业通道，并采取必要措施对其加以实施，以实现组织目标与员工职业生涯目标相统一。

2. 组织职业生涯规划的特征

组织职业生涯应该涉及组织及组织全员，并充分利用资金、时间、技术、人才以及组织外部力量实现组织职业生涯的发展目标。组织职业生涯具有长期性、全局性和战略性的特点。

（1）长期性

就组织内的员工而言，组织职业生涯涉及员工从进入组织到离开组织的全部历程，并对其后续的职业生涯起到了非常大的作用。对组织本身而言，组织生涯的本质体现即是组织从创建之日起至组织未来都与组织生涯有着非常密切的联系，而且组织生涯在一般情况下都应是一个长期的过程。

（2）全局性

就组织内的员工而言，组织职业生涯将会对一个人的各个方面产生影响，如工作、生活、个人价值的实现等。对组织而言，组织生涯会涉及组织内部各个层级、各类人员的发展和成长，从而对组织的各项工作产生直接或者间接的影响。

（3）战略性

组织生涯与组织战略型发展规划密切相关。组织职业生涯将员工职业生涯归附于组织人力资源战略上，并把组织生产工作的链条管理与组织生涯统一起来，以满足组织整体战略的需求。从另外一个层面上进行分析，组织的这些工作也会对组织未来的发展产生战略性的影响。

3. 组织职业生涯规划的作用

组织职业生涯规划旨在将组织目标与个人目标联系起来，因此组织对组织成员实施职业生涯规划本身就应该是一个双赢的过程。综合看来，其作用主要可以从组织和组织成员两个角度来考虑。具体内容如图 12-1 所示。

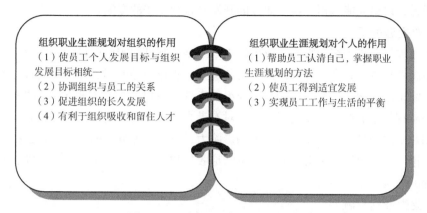

图 12-1　组织职业生涯规划的作用

12.2.2　组织职业生涯规划的目标

组织职业生涯规划，意在将组织发展目标与组织内部员工个人的发展目标有机地结合起来。综合看来，组织职业生涯规划目标具体有以下 4 个，如图 12-2 所示。

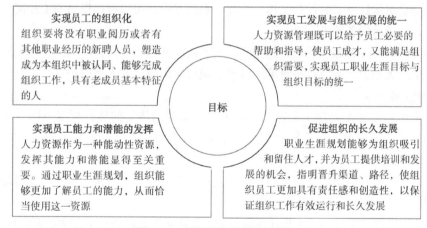

图 12-2　组织职业生涯规划目标

12.2.3　组织职业生涯规划的参与者

参与组织职业生涯规划的人员包括以下 5 类。

1.　高层管理人员

组织发展战略是由最高领导者确定并指挥实施的，因此高层管理人员应对组织发展前景和人员需要发展的能力做出有效的判断。高层管理人员还参与组织各项管理制度和人事制度的制定，与此同时，高层管理人员或多或少地会对高级管理人员进行直接的管理，他们可能参与职业生涯委员会，处理高潜力人员的有关问题等，并决定一部分管理人员的职务分配。

2.　人力资源管理部门

人力资源管理部门负责整个组织中各类职业人员的开发与管理，组织职业生涯规划是其工作内容的重要组成部分。针对组织内部不同的人员，人力资源管理部门分析员工工作的特殊性，制定相应的政策，并根据工作发展的需要设立特殊的岗位，对员工进行特殊培训，设定不同的职业发展通道，以培养能够担任特定职务的开发与管理工作的专家。

3. 职业生涯委员会

职业生涯委员会是组织为组织职业生涯规划战略的制订和实施而设立的机构。该委员会一般由企业最高领导者、人力资源管理部门的负责人、职业指导顾问、部分高级管理人员以及组织的外聘专家组成。职业生涯委员会是对与组织人员发展相关的决定进行讨论的专门机构，其主要职责是制订每年的职业年度会谈策略，对有潜力的员工进行定位，并对其职业发展进行观察监督。职业生涯委员会的会议具有很强的影响力，有关职务分派的一些决定也在职业生涯委员会进行讨论。职业生涯委员会需要连续不断地收集和整理个人、组织和社会发展的信息，以便进行正确的决策。

4. 职业生涯指导顾问

职业生涯指导顾问是设立于人力资源管理部门或职业生涯委员会中的特殊职务，由具有丰富的人力资源管理知识和经验的专业人员担任，也可以由德高望重、已在职业生涯发展中取得显著成就的资深管理人员担任。职业生涯指导顾问的任务主要有以下4个。

（1）为员工的职业生涯发展提供咨询。

（2）帮助各级管理人员做好组织职业生涯规划工作。

（3）协助组织做好员工的晋升工作，通过一系列方法，明确可以提供的工作岗位、员工发展的愿望、人事变动的条件等。

（4）协助组织做好各部门管理人员间的薪酬平衡，使之不要因为所处岗位级别及部门情况的不同而产生过大差距，避免薪酬政策间的差距阻碍组织内部的人事变动。

5. 直接上级

因为各类组织对员工管理（如聘用、薪酬、人事调动等）的集权程度不同，所以员工的直接上级的作用因组织的人事政策的不同也有所不同。直接上级的作用主要体现在以下4个方面。

（1）日常工作中一般是由直接上级对员工进行评估，因此，直接上级对员工潜能的定位起着重要作用。

（2）直接上级可以通过不同工作任务的分派，促使员工发挥自己的能力，展现自己的潜能。

（3）直接上级还可以充当顾问的角色，即根据对某个员工的印象参与对其职业生涯的指导，或将自己对其发展前景的看法与员工进行讨论。

（4）直接上级可以利用他们的"关系网"，为员工在组织内部的职业生涯发展提供积极的作用，以促进员工职位的晋升。

12.2.4　组织职业生涯规划的实施

组织在制订员工职业生涯规划时，应当确保组织具备5个前提条件，具体如图12-3所示。

组织具备了上述5个前提条件，并为员工职业生涯规划的开展做好准备后，应按照以下8步骤开展员工职业生涯规划工作。

1. 明确组织现阶段人力资源发展规划

人力资源发展规划是组织根据组织的发展战略目标而定的，人力资源规划通过预测组织在未来环境变化中人力资源的供给和需求状况，制定基本的人力资源获取、使用、维持和开发的策略。

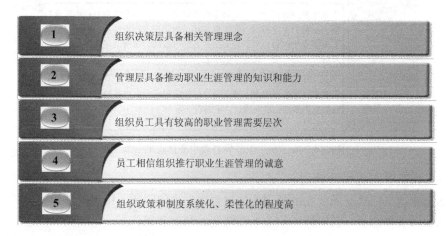

图 12-3　实施职业生涯规划的 5 个前提条件

2．构建组织职业发展通道

组织在明确现阶段的人力资源发展规划后，应根据人力资源发展规划的需求，考虑现有人力资源的状况，设计适合本组织的职业发展通道。构建职业发展通道是组织进行职业生涯规划不可或缺的工作。

3．制订员工职业生涯管理制度和规范

有效、健全、可行的员工职业生涯管理制度和规范的制定，是确保组织职业生涯管理目标顺利达成的必备条件。

制度和规范的存在，可以引导员工行为的改变，确保优秀人才能够脱颖而出，并能够为组织发展目标的实现做出积极贡献。

4．进行员工基本素质测评

组织进行员工基本素质测评的目的在于掌握组织员工的能力、个性倾向和职业倾向，并为员工职业生涯的目标设立提供参考。

组织进行员工素质测评的信息包括员工基本信息和工作状况记录信息两部分。员工基本信息包括员工的年龄、学历、工作经历、兴趣爱好等；工作状况记录信息包括绩效评估结果、晋升记录及参加各种培训情况的记录等。

5．确定员工的职业生涯规划表

组织根据职业发展通道设计，参考员工素质测评的结果，同员工一起填写职业生涯规划表。

员工职业生涯规划表主要体现了 3 个方面的信息，具体如图 12-4 所示。

6．实施员工职业生涯规划

实施员工职业生涯规划就是通过培训、轮岗、绩效考核等人力资源活动，帮助员工逐步实现员工职业生涯规划表中所列的规划目标的过程。

7．进行职业生涯规划反馈和评估

组织在制订职业生涯规划后，在实施过程中应及时听取相关员工对职业生涯规划实施的有效反馈，人力资源部根据反馈的信息，对组织职业生涯规划的实施进行有效的评估。

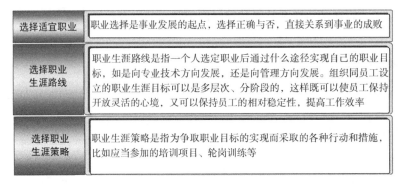

选择适宜职业	职业选择是事业发展的起点，选择正确与否，直接关系到事业的成败
选择职业生涯路线	职业生涯路线是指一个人选定职业后通过什么途径实现自己的职业目标，如是向专业技术方向发展，还是向管理方向发展。组织同员工设立的职业生涯目标可以是多层次、分阶段的，这样既可以使员工保持开放灵活的心境，又可以保持员工的相对稳定性，提高工作效率
选择职业生涯策略	职业生涯策略是指为争取职业目标的实现而采取的各种行动和措施，比如应当参加的培训项目、轮岗训练等

图 12-4　员工职业生涯规划表主要体现的三要素

8. 修正和完善职业生涯规划

组织人力资源部门针对职业生涯规划评估过程中发现的问题，提出改进和完善的建议及举措，经高层决策者同意后，及时修正职业生涯规划的制度和规范。

通过制度、规范的修正、完善，人力资源部门可以及时纠正最终职业目标与分阶段职业目标的偏差。同时，还可以极大增强员工实现职业目标的信心。

【微课堂】

> 1. 组织生涯规划和人员职业生涯规划的区别和联系是什么？
> 2. 请你对自己做一下职业生涯规划。

12.3 员工职业生涯管理

我国有关专家认为，所谓职业生涯，就是以人的潜能开发为基础，以工作内容的确定和变化，工作业绩的评价，工资待遇、职称、职务的变动为标志，以满足需求为目标的工作经历和内心体验的经历。

12.3.1 确立目标

所谓目标，就是一个人行动的方向、目的。一般可以从3个不同的角度考虑职业生涯目标，即概念性目标、操作性目标、短期和长期的职业生涯目标。

（1）概念性目标。概念性的职业目标为哲学意义上的目标，与具体的工作和职位无关。它反映一个人的价值观、兴趣、才干和生活方式的偏好。

（2）操作性目标。一个操作性目标是将概念性目标转换为具体的工作或岗位。

（3）短期和长期的职业生涯目标。职业生涯目标有一个时间维度，员工可以采用惯例来区分短期目标和长期目标。

如同职业探索一样，职业目标设置的过程不可能没有障碍。从根本上来说，职业目标的质量取决于要达成的职业目标是否与个人所偏好的工作环境相一致，以及设定的目标是否切实可行。

12.3.2 可行性分析

确立了职业生涯方向和目标后，还要进行自我分析、职业分析和角色建议等，进一步了解职业目标实现的可行性。

1．自我分析

自我分析是个人职业生涯规划的基础，也是能否获得可行规划方案的前提。有效的个人职业生涯规划要求规划者首先能对自己做出全面的分析，通过自我分析，可以正确深刻地认识和了解自己。只有这样，个人才能对自己未来的职业生涯做出最佳的选择。如果忽视了自我分析，职业生涯规划就容易中途夭折。

对自己进行全方位、多角度的分析，主要包括以下内容。

（1）职业兴趣——喜欢干什么。

（2）职业能力——能够干什么。

（3）个人特质——适合干什么。

（4）职业价值观——最看重什么。

（5）胜任能力——优势、劣势是什么。

2．职业分析

职业分析是我们需要认清所选定的职业在社会环境中的发展过程和目前的社会地位，以及社会发展趋势对此职业的影响。职业分析需要对影响职业选择的相关外部环境进行较为系统的分析，具体分析如下。

（1）家庭环境分析，如经济状况、家人期望等，以及对本人的影响。

（2）学校环境分析，如学校特色、专业学习、实践经验等。

（3）社会环境分析，如就业形势、就业政策、竞争对手等。

（4）职业环境分析，包括行业分析、岗位分析、企业分析和地域分析。

① 行业分析，如行业现状及发展趋势，个人与行业匹配分析。

② 岗位分析，如工作内容、工作要求、发展前景，个人与岗位匹配分析。

③ 企业分析，如企业类型、企业文化、发展前景、发展阶段、产品服务、员工素质、工作氛围等，个人与企业匹配分析。

④ 地域分析，如工作城市的发展前景、文化特点、气候水土、人际关系等，个人与城市匹配分析。

3．角色建议

员工在职业生涯发展的过程中，来自周围不同人物的关心、帮助、建议和决定会对其产生重要的影响。这些人在该员工的职业生涯过程中扮演着重要的角色，他们可能是该员工的领导、同事、父母、配偶、老师、同学、朋友等。

完善的自我认识，是应当多听取来自不同人物角色的建议。他们将会帮助规划者更清晰地认识到现实和理想间的差距。虽然这些建议不一定完全符合规划者的想法，但可以先记录下他们的建议，作为职业生涯设计的参考依据。

12.3.3 职业通道设计

职业通道是指组织为内部成员设计的自我认知、成长和晋升的管理方案。职业通道设计指明了组织成员可能的发展方向及机会，组织内每个成员可能沿着本组织的发展通道变换工作岗位。具体来讲，职业发展通道是个体在一个组织中所经历的一系列结构化的职位。

良好的职业通道设计，一方面有利于组织吸收并留住优秀的员工，另一方面能激发员工的工作兴趣，挖掘员工的工作潜能。员工职业通道设计有以下 4 种模式。

1．传统职业通道

传统职业通道是一种基于过去组织内员工的实际发展通道而制定的发展模式。这种模式将员工的发展限制在一个职业部门或一个组织单位内，通常是由员工在组织中的工作年限来决定员工的职业地位。

2．网状职业通道

网状职业通道是一种建立在对各个工作岗位的行为需求分析基础上的职业发展通道设计。它要求组织首先进行工作岗位分析，以确定各个工作岗位上职业行为的需要，然后将具有相同职业行为需要的岗位归为一族，以族为单位进行职业生涯设计。这种设计所产生的职业通道呈网状分布，具体如图 12-5 所示。

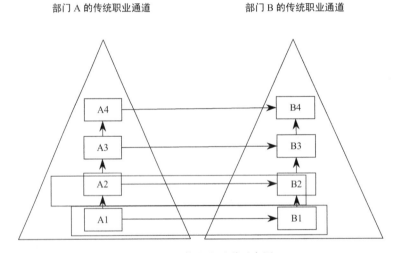

图 12-5　网状职业通道示意图

3．横向职业通道

前两种职业通道多体现较高管理层的晋升路径。为了避免长期从事同一项工作产生的枯燥感，影响员工工作效率，组织中还常采取横向调动使工作具有多样性。如图 12-5 所示，由 A1 到 B1、由 A2 到 B2 的设计即为横向通道设计，它通常建立在工作岗位行为需求分析的基础之上。

4．双重职业通道

双重职业通道主要是用来解决某一领域中具有专业技能，既不期望在自己的业务领域内长期从事专业工作，又不希望随着职业的发展而离开自己的专业领域的路径。

因此，组织有必要进行双重职业通道设计，即为普通员工进行正常的职业路径设计的同时，还要为这类专业人员另外设计一条职业发展的路径，从而既能满足大部分员工的职业发展需要，也能满足专业人员的职业发展需要。

12.3.4　员工职业辅导

职业辅导是指帮助个人选择职业、准备职业技能、进入某项职业，以及在某项职业上求发展的过程。因此，职业辅导是综合性地激发个人发展的过程。

组织通过制订员工职业辅导计划，可以帮助员工进行深度的自我探索、职业定位，提高职业决策能力与职业素质，从而使他们能够科学规划自己的职业选择，最终达到人与职业的最优组合和组织的发展。

【微课堂】

1. 一个人一生在职业岗位上所拥有的与工作活动有关的连续经历用一个专业词汇来概括是什么？

2. 转向市场分析、公关推广等岗位是哪类人员的职业发展定位？

复习与思考

1. 组织开发的目标是什么？
2. 什么是职业生涯？职业生涯理论有哪些？
3. 职业目标设定的原则有哪些？
4. 组织生涯规划和个人职业生涯规划的区别和联系是什么？
5. 员工职业生涯规划的流程是怎样的？

知识链接

微软公司技术人员的职业生涯阶梯

微软公司采用的是技术人员与管理人员的双阶梯职业生涯发展阶梯模式。

微软公司的技术人员的职业生涯阶梯共分 15 级，员工由低级向高级晋升必须基于上级主管对该员工的考评，考评每年有两次，第一次主要确定该员工能否晋级，第二次确定员工该年度奖金与股票的多寡。考评的主要内容是该开发人员完成所承担项目的工作的数量和质量，如软件编程错误率的高低等，由上级主管做 1～5 分的评定。一般连续 3 次被评定为 4 分以上的员工有晋级机会。

技能实训

实训内容：绘制员工职业生涯规划流程

假如你是某企业人力资源部门的工作人员，企业现在需要对员工做职业生涯规划管理，要拟订员工职业生涯规划流程，请据此完成表 12-2。

表 12-2 员工职业生涯规划流程表

序　　号	流　　程	内容要点	注意事项